CHOIX
DE
CANTIQUES
TIRÉS
D'AUTEURS ALLEMANDS ET FRANÇAIS,

MIS EN ORDRE

POUR LES MESSES DE COMMUNION, LES DIMANCHES ET FÊTES DE L'ANNÉE, LE CARÊME, LE MOIS DE MARIE;

Avec l'indication de leur Musique, etc.;

A L'USAGE

DE L'ASSOCIATION DU SAINT-ROSAIRE
DE L'ÉGLISE S.-JACQUES ET S.-PHILIPPE-DU-HAUT-PAS.

PUBLIÉS AU PROFIT DE LA CONFRÉRIE

PAR LE DIRECTEUR.

PARIS.

A LA SACRISTIE
DE L'ÉGLISE S.-JACQUES-S.-PHILIPPE-DU-HAUT-PAS

A LA LIBRAIRIE DE JACQUES LECOFFRE,
Rue du Vieux-Colombier, 29.

1848

CHOIX
DE CANTIQUES

TIRÉS

D'AUTEURS ALLEMANDS ET FRANÇAIS.

AVIS.

La musique des Cantiques se trouve :

1º Dans le Recueil de Chants religieux allemands, publié par M. de Muisson et M. Savard ; à la sacristie de la paroisse Saint-Étienne-du-Mont.

2º Dans le Nouveau Recueil d'Airs de Cantiques, publié par le Directeur de la Confrérie de la paroisse Saint-Thomas d'Aquin ; chez Canaux, rue Sainte-Apolline, 13.

3º Dans le Recueil de Cantiques de M. Neukomm ; chez M. Gaume, rue Cassette, 6.

4º Dans les Chants à Marie du R. P. Lambillote ; chez M. Poussielgue-Rusand, rue du Petit-Bourbon-Saint-Sulpice, 3.

5º Dans le Recueil de Cantiques de la paroisse Saint-Jacques-du-Haut-Pas ; à la sacristie de cette église.

Imp. BAILLY, DIVRY ET Cᵉ, place Sorbonne, 2.

CHOIX
DE
CANTIQUES
TIRÉS
D'AUTEURS ALLEMANDS ET FRANÇAIS,

MIS EN ORDRE

POUR LES MESSES DE COMMUNION, LES DIMANCHES ET
FÊTES DE L'ANNÉE, LE CARÊME, LE MOIS DE MARIE;

Avec l'indication de leur Musique, etc.;

A L'USAGE
DE L'ASSOCIATION DU SAINT-ROSAIRE
DE L'ÉGLISE S.-JACQUES ET S.-PHILIPPE-DU-HAUT-PAS.

PUBLIÉS AU PROFIT DE LA CONFRÉRIE
PAR LE DIRECTEUR.

PARIS.
A LA SACRISTIE
DE L'ÉGLISE S.-JACQUES-S.-PHILIPPE-DU-HAUT-PAS.

A LA LIBRAIRIE DE JACQUES LECOFFRE,
Rue du Vieux-Colombier, 29.

—

1848.

AVERTISSEMENT.

Principaux Exercices de Piété de la Confrérie du Saint-Rosaire de Saint-Jacques et Saint-Philippe-du-Haut-Pas.

Solennité du Saint-Rosaire, fête de l'Association.

On célèbre cette solennité du Saint-Rosaire et cette grande et principale fête de l'Association, le premier dimanche d'octobre, ainsi qu'il suit : A 7 heures 1/2 : Sainte Messe, par M. le Curé ; Chant des Cantiques ; Homélie ; Quête par une dignitaire ; Communion des Associées ; Récitation de cinq *Pater* et cinq *Ave Maria*, à l'intention de l'Église et du Souverain Pontife. Les Associées sont dans l'usage d'assister à cette messe en vêtements bleus, et aux autres Offices en vêtements blancs et voilées. — A

9 heures 3/4 : Tierce ; Procession, à laquelle assistent les Associées ; Messe solennelle ; Prône, par M. le Curé ; Offrande du pain bénit, par la Présidente et toutes les Associées ; Quête, par une dignitaire (le produit de l'Offrande et des Quêtes est destiné aux bonnes œuvres de l'Association, à secourir les pauvres, etc.) ; après la Messe, Sexte. — A 2 heures 1/2 : None ; Vêpres solennelles ; Sermon ; Quête, par une dignitaire ; Procession du Saint-Sacrement ; Station à la chapelle de la Sainte-Vierge ; Salut. Après Complies, réunion dans la chapelle de la Sainte-Vierge. A cause de la longueur des Offices et de la convenance de réciter le Saint-Rosaire en entier, l'on omettra les prières accoutumées du dimanche ; très-certain que pas une Associée ne se dispensera de la récitation de tout le Rosaire, le jour même de la fête du Saint-Rosaire. Cantique et Quête ; Exhortation ; Cantique ; acte de consécration à la Sainte-Vierge par toutes les Associées ; Réception des personnes qui auront demandé à être admises ; désignation des charges ; chant d'un Cantique, pendant lequel auront lieu : la distribution des cachets, les versements des annuels par les Associées, et les inscriptions

sur le registre de l'Association, de leurs noms, prénoms, adresses et offrandes.

Messes de Confrérie.

Ces Messes sont célébrées les jours auxquels se trouve attachée une Indulgence plénière, savoir : Mois de janvier : le jour de la Circoncision, de l'Épiphanie, le premier dimanche du mois, le dimanche après les Rois. — Février : le jour de la Présentation de Notre-Seigneur et la Purification de la Sainte-Vierge, le premier dimanche du mois. — Mars : le premier dimanche du mois, le jour de l'Annonciation de la Sainte-Vierge. — Avril : le premier dimanche du mois, le jour de la Compassion de la Sainte-Vierge, le troisième et le quatrième dimanche du mois. — Mai : le premier dimanche du mois, le dimanche de la Pentecôte, le dernier jour du mois de Marie. — Juin : le premier dimanche du mois, le jeudi de la Fête-Dieu. — Juillet : le premier dimanche du mois, le jour de la Visitation de la Sainte-Vierge. — Août : le premier dimanche du mois, le jour de l'Assomption de la Sainte-Vierge. — Septembre : le premier dimanche du mois, le jour de la Nativité de la

Sainte-Vierge. — Octobre : le premier dimanche du mois, le lendemain ou le premier jour libre, pour les morts de la Confrérie. — Novembre : le jour de la Toussaint, le premier dimanche du mois, le jour de la Présentation de la Sainte-Vierge. — Décembre : le premier dimanche du mois, le jour de la Conception de la Sainte-Vierge, le saint jour de Noël.

En ces jours, à 7 heures 1/2 : Sainte Messe, chant des Cantiques, Homélie, Quête, Communion des Associées. Après la Messe, récitation de cinq *Pater* et de cinq *Ave Maria*, pour l'Église et le Souverain Pontife.

Exercices du soir les Dimanches et Fêtes.

Chaque dimanche et fête d'obligation, non plus à 7 heures du soir, mais après le Salut et Complies, à cause des réunions des ouvriers de Saint-François-Xavier : Récitation d'une partie du Saint-Rosaire, de manière à le réciter en entier chaque semaine ; Prières pour les personnes qui se seront recommandées à la Confrérie ; Chant d'un cantique et Quête par une Associée, en faveur des bonnes œuvres de l'Association ; Instruction ; Chant d'un cantique pendant la sortie.

Le premier dimanche du mois, s'il y a réception d'Associées : après l'Instruction, Cantique à la Sainte-Vierge ; Récitation de l'Acte de Consécration par l'une des futures Associées ; Réception par M. le Directeur ; Cantique d'actions de grâces.

Exercices du soir pendant le Mois de Marie.

L'ouverture de ces exercices a lieu le 30 avril et leur clôture le 31 mai. Ils se composent ainsi qu'il suit : A 7 heures 3/4 : Récitation d'une partie du Saint-Rosaire. — A 8 heures : Chant des Petites Vêpres de la Sainte-Vierge ou d'un Cantique. — A 8 heures 1/4 : Sermon ou Conférence. — A 8 heures 3/4 : Chant des Litanies de la Sainte-Vierge ou d'un Cantique en son honneur, et Quête en faveur des bonnes œuvres de l'Association ; Hymnes au Saint-Sacrement et à la Sainte-Vierge. — Le jour de clôture du Mois de Marie, Acte de Consécration à la Sainte-Vierge. — Bénédiction ; Chant du *Sub tuum præsidium* ou d'un Cantique de départ.

Processions du Saint-Sacrement.

Ces Processions ont lieu : le premier dimanche du mois ; le dimanche où l'on célèbre la fête de la Conception de la Sainte-Vierge ; le dimanche de la Quinquagésime ; les deux dimanches de la Fête-Dieu ; le dimanche du sacré Cœur de Jésus ; le dimanche où l'on célèbre la fête de saint Vincent-de-Paul ; le dimanche de la solennité du Saint-Rosaire.

Procession en l'honneur de la Sainte-Vierge.

Cette Procession a lieu le jour de l'Assomtion, aux Vêpres : l'on y porte la statue de la Sainte-Vierge ; l'on y chante les Litanies en son honneur et les Prières prescrites dans l'Office divin.

Les jeunes personnes assistent à ces Processions, voilées, en vêtements blancs, de Pâques à la fête du Saint-Rosaire ; en vêtements bleus, de la Toussaint au Carême, inclusivement.

OFFICE DU SAINT-ROSAIRE.

A TIERCE.

Ant. Clamor in mari auditus est, auditum pessimum audierunt, turbati sunt in mari, et omnes viri pretii conticescent in die illâ.

CAPITULE. *Sagesse,* 10.

Populum justum liberavit à nationibus; stetit contra Reges horrendos in portentis et signis ; deduxit justos in viâ mirabili ; transtulit illos per aquam nimiam : inimicos autem illorum demersit in mare. Ideò justi tulerunt spolia impiorum. ℟. Deo gratias.

℣. *br.* Currus et exercitum projecit, in mare. * Alleluia, alleluia. ℟. Electi principes ejus submersi sunt in mari. * Alleluia, allel. Gloria Patri. Currus, etc.

℣. Dextera Domini magnificata est in fortitudine. ℟. Dextera Domini percussit inimicum. *Exod.* 15.

La Collecte de la Messe.

A LA PROCESSION.

℣. Notum fecit Dominus salutare suum : in conspectu gentium revelavit justitiam suam. *

Recordatus est misericordiæ suæ, et veritatis suæ domui Israel. ℣. Beatam me dicent omnes generationes, quia fecit mihi magna qui potens est, et sanctum nomen ejus. * Recordatus est. Gloria Patri. * Recordatus est. *Ps.* 97. *Luc,* 1.

℣. Salvavit eos propter nomen suum ; ℟. Ut notam faceret potentiam suam. *Ps.* 105.

A LA MESSE.

introït. *Judith,* 13.

In me ancillâ suâ Dominus Deus adimplevit misericordiam suam, quam promisit domui Israel ; et interfecit in manu meâ hostem populi sui.

Ps. Confitemini Domino, quoniam bonus ; * quoniam in sæculum misericordia ejus. Gloria Patri. In me. *Ps.* 117.

COLLECTE.

Deus quem nosse consummata justitia est, et cujus unigenitum cognoscere quem misisti Jesum Christum, vita æterna : da nobis ejus Incarnationis, Passionis, et Resurrectionis sacra mysteria, ita sanctissimo beatæ Virginis Mariæ Rosario, piâ mente contemplari, et corde perfecto prosequi ; ut beatam illam vitam, ipsâ Dei Genitrice, repetitis congratulationibus et supplicationibus, nobis benignâ, assequi voleamus. Per eumdem Dominum nostrum Jesum Christum filium tuum, qui tecum vivit et regnat in unitate Spiritûs Sancti Deus, per omnia sæcula sæculorum. Amen.

Mémoire du Dimanche occurrent.

ÉPITRE. *Eccles.* 24.

In Deo honorabitur, et in medio populi sui gloriabitur, et in ecclesiis Altissimi aperiet os suum, et in conspectu virtutis illius gloriabitur, et in medio populi sui exaltabitur, et in plenitudine sanctâ admirabitur, et in multitudine electorum habebit laudem, et inter benedictos benedicetur dicens : Ego in altissimis habitavi, et thronus meus in columna nubis : profundum abyssi penetravi ; in fluctibus maris ambulavi, et in omni terrâ steti, et in omni populo, et in omni gente primatum habui. In his omnibus requiem quæsivi, et in hæreditate Domini morabor. Tunc præcepit et dixit mihi Creator omnium : et qui creavit, me requievit in tabernaculo meo et dixit mihi : In Jacob inhabita, et in Israel hæreditare et in electis meis mitte radices. Usque ad futurum sæculum non desinam, et in habitatione sanctâ coram ipso ministravi. Et sic in Sion firmata sum, et in civitate sanctificatâ similiter requievi, et in Jerusalem potestas mea. Et radicavi in populo honorificato, et in parte Dei mei hæreditas illius, et in plenitudine sanctâ detentio mea. Quasi cedrus exaltata sum in Libano, et quasi cypressus in monte Sion. Ego quasi terebinthus extendi ramos meos, et rami mei honoris et gratiæ. Ego quasi vitis fructificavi suavitatem odoris. Ego mater pulchræ dilectionis, et timoris, et agnitionis, et sanctæ spei. In me gratia omnis viæ, et veritatis; in me omnis spes vitæ et virtutis. Transite ad me, omnes qui concupiscitis me, et a generationibus meis implemini.

GRADUEL. *Ps.* 110. *Luc,* 1.

Redemptionem misit Dominus populo suo : mandavit in æternum testamentum suum : laudatio ejus manet in sæculum sæculi. ℣. Fecit mihi magna qui potens est ; dispersit superbos mente cordis sui : deposuit potentes de sede.

Alleluia, alleluia.

℣. Nobiscum est Deus qui fecit virtutem : laudate Dominum Deum nostrum, qui non deseruit sperantes in se. Alleluia. *Judith,* 13.

PROSE.

Quæ festa dies agitur!
Tota patet Religio,
Christus totus recolitur,
Mariæ ministerio.

Dulces Matris et Filii
Sensus verbis exprimere;
Sed in arâ cordis pii
Magis juvat induere.

O quàm libenter Virginem
Verbum in matrem accipit!
Quàm sanctè Verbum hominem
In se Maria suscipit!

Scandit montes Virgo parens,
Numen onus dulce, premit:
In alvo matris residens,
Infans Joannes exilit.

E virginali gremio
Æterna proles nascitur;
Jacentem in præsepio
Mater colit, amplectitur.

Offert Maria Filium,
Jesus matri subducitur;
Patris imples officium,
In templo recognoscitur,

Pro nobis factus hostia
Christus orat, prosternitur;
Versatur in agoniâ;
Venis cruor dilabitur.

Illibatum crudelibus
Corpus flagellis cæditur,
Adorandum cœlitibus
Caput vepribus cingitur.

Ignem, verus Isaac, gerit,
Et lignum sacrificii :
Morte nos Deo parturit,
Fimus Mariæ Filii.

Surgit Christus è tumulo,
Cœli conscendit atria :
Dona, mirante populo,
Dat Spiritus cœlestia.

Repleta flamma cœlitum
Ardet Maria Filium :
Amor resolvens Spiritum
Cœlo rependit præmium.

O quæ Matris hilaritas,
Conspectâ Nati gloriâ !
Quæ Nati liberalitas,
Pro Matris excellentiâ !

Assidens Nato proxima
Gratiarum fit alveus;
Salutis potentissima,
Adversùs hostem clypeus.

Ipsâ favente, cæditur
Monstrum duplex maleficum
Impius Turca vincitur,
Cadit genus hereticum.

Nos ergo cum fiduciâ,
Imitantes quod colimus,
Rogemus in angustiâ
Quam in matrem accepimus.

Cum ipsâ castum filio,
Paremus habitaculum;
Fortes omne cum gaudio
Superemus obstaculum.

Nascamur omnes cum Deo,
Renovati per omnia;
Crescamus omnes cum eo
Ætate, sapientiâ.

Nostris accescant flatibus
Christi cruoris fluminâ;
Figamus spinas cordibus:
Carne plectentes crimina.

Bajulemus Christi Crucem
Cruoris empti pretio
Mariam sequamur ducem,
Moriamur cum Filio.

Abjectis sæcularibus,
Quæramus spiritalia;
Ut solutis corporibus,
Consequamur cœlestia.
Amen.

ÉVANGILE.

Sequentia sancti Evangelii secundum Lucam.
Ch. 1er.

In illo tempore, missus est Angelus Gabriel à Deo in civitatem Galileæ, cui nomen Nazareth, ad Virginem desponsatam viro cui nomen erat Joseph, de domo David; et nomen Virginis Maria. Et ingressus Angelus ad eam, dixit : Ave, gratiâ plena; Dominus tecum : benedicta tu in mulieribus. Quæ cum audisset, turbata est in sermone ejus; et cogitabat qualis esset ista salutatio. Et ait Angelus ei : Ne timeas, Maria, invenisti enim gratiam apud Deum : Ecce concipies, et paries Filium et vocabis nomen ejus Jesum. Hic erit magnus, et Filius Altissimi vocabitur; et dabit illi Dominus Deus sedem patris ejus; et regnabit in domo Jacob in æternum; et regni ejus non erit finis.

SECRÈTE.

Mundet corda nostra, Domine præsentium donorum sanctificator Spiritus tuus : et hanc solemnitatem Rosarii beatissimæ Virginis Mariæ Genitricis tuæ celebrantes, quæsumus, benigno favore prosequere; quatenùs tua ipsius sacra mysteria contemplemur in terris, ut, post hujus vitæ, cursum eorum fructus percipere mereamur in cœlis; qui vivis.

COMMUNION. *Soph.* 3.

Lauda, filia Sion : lætare, filia Jerusalem. Abstulit Dominus judicium, avertit inimicos. Rex Israël in medio tui : non timebis malum ultrà.

POST-COMMUNION.

Deus, cujus Unigenitus per vitam, mortem et resurrectionem suam, nobis salutis æternæ præmia comparavit; da nobis celesti pane in hâc solemnitate nutritis, ut hæc mysteria sanctissimo beatæ Mariæ Virginis Rosario recolentes, et imitemur quod continent, et quod promittunt assequamur. Per eumdem Dominum, etc.

A SEXTE.

Ant. Misit Dominus pestilentiam in Israël, invocavit Dominum, præcepitque Dominus Angelo, et convertit gladium suum in vaginam.

CAPITULE 2. *Paralip.* 6.

Fames, si orta fuerit in terrâ, et pestilentia, omnisque plaga et infirmitas presserit, si expanderit manus, tu exaudies de cœlo, de sublimi, scilicet habitaculo tuo, et propitiare ; ut timeant te, et ambulent in viis tuis cunctis diebus, quibus vivunt super faciem terræ. ℟. Deo gratias.

℟. *br.* De necessitatibus eorum * liberavit eos. * Alleluia, alleluia. ℣. Et eduxit eos de tenebris * et umbra mortis. * Alleluia, alleluia. Gloria Patri. De necessitatibus.

. Eripuit eos de interitionibus eorum : ℟. Confiteantur Domino misericordiæ ejus, et mirabilia ejus filiis hominum. *Ps.* 106.

La Collecte de la Messe.

A NONE.

Ant. In omni ore quasi mel indulcabitur

ejus memoria : tulit abominationes impietatis, et in diebus peccatorum corroboravit pietatem.

CAPITULE. *Isaïe, 30, 33.*

Erit opus justitiæ pax, et sedebit populus meus in pulchritudine pacis, et in tabernaculis fiduciæ, et in requie opulentâ. Audite qui longè estis ; et cognoscite, vicini, fortitudinem meam. Conterriti sunt in Sion peccatores, possedit tremor hypocritas.

℟. Deo gratias.

℟. *br.* Odisti, Domine, * omnes qui operantur iniquitatem. * Alleluia, alleluia. Odisti. ℣. Perdes omnes * qui loquuntur mendacium. * Alleluia. Gloria Patri. Odisti.

℟. Lætentur omnes qui sperant in te : ℣. Et gloriabuntur in te, omnes qui diligunt te. *Ps.* 5.

La Collecte de la Messe.

AUX IIes VÊPRES.

Ps. 109. Dixit Dominus.

Ant. Benedixit te, Dominus, in virtute suâ, quia per te ad nihilum redegit inimicos nostros. *Judith, 13.*

Ps. 111. Laudate, pueri.

Ant. Benedicta es tu, filia, à Domino Deo excelso, præ omnibus mulieribus super terram. *Judith,* 13.

Ps. 121. Lætatus sum.

Ant. Benedicta tu in mulieribus : invenisti enim gratiam apud Deum. *Luc*, 1.

Ps. 126. Nisi Dominus.

Ant. Non est in sermonibus tuis ulla reprehensio. Nunc ergo ora pro nobis; quoniam mulier sancta es. *Judith,* 8.

Ps. 147. Lauda, Jerusalem.

Ant. Memorare dierum humilitatis tuæ : et tu invoca Dominum ; loquere Regi pro nobis, et libera nos de morte. *Esth.* 15.

CAPITULE, *Judith,* 15.

BENEDIXERUNT eam omnes unâ voce dicentes : Tu gloria Jerusalem : Tu lætitia Israël : Tu honorificentia populi nostri ; quia fecisti viriliter, et confortatum est cor tuum. Ideò et manus Domini confortavit te ; ideò eris benedicta in æternum.

℟. Deo gratias.

HYMNE.

O quam fecit amor cernere nati
Corpus funereâ de trabe pendens :
Mortis fida comes, fida dolorum
Consors, supplicibus flectere votis.

Nunc regina sedes addita cœlo,
Uno quippe minor facta Tonante :
Cum nato genitrix læta triumphas,
Et longos redimunt gaudia luctus.

Est concessa tibi summa potestas ;
Mater namque Dei sola, repulsam
Nescis, Te facilem das quoque nobis,
Et gaudes totidem credere natos.

Te poscant miseris cladibus urbes
Afflictæ ; fugiunt sæva malorum,
Morborumque cohors, diraque pestis :
Et flavæ segetes horrea rumpunt.

Audebat patrios vertere ritus
Secta erroris amans ; fregerat aras,
Multâ cæde ferox ; victa nefandis
Armis Religio spreta jacebat.

At Maria suam lumine gentem
Respexit placido : corda rebelles
Deponunt animos, templa resurgunt :
Monstrum tartareis redditur antris.

Insanæ rabies effera gentis,
Conjurata crucis tollere nomen,
Sævit : Mater, ades ; jamque rubebunt
Tincti sacrilego sanguine fluctus.

Quid possis populi rebus in arctis
Non sensere semel : Gallia sensit
Præsertim, et meriti gratia tanti
Æternum memori pectore vivet.

Divinæ Soboli qui dare matrem
In terris voluit, gloria Patri ;
Cujus Virgo parens, gloria Nato :
Quo fæcunda, tibi, gloria Flamen.
Amen.

℣. Venite, filii, audite me : ℟. Timorem Domini docebo vos. *Ps.* 33.

A MAGNIFICAT.

Ant. Ut filios meos carissimos moneo. Rogo ergo vos : Imitatores mei estote, sicut et ego Christi. I. *Cor.* 4.

La Collecte de la Messe.

Mémoire du Dimanche occurrent.

A COMPLIES.

Psaumes du Dimanche.

Ant. Indue te decore et honore ejus quæ à Deo tibi est sempiternæ gloriæ. *Baruch, 5.*

Hymne Virgo Dei genitrix. *Capitule et ℟. bref, comme dans les différents Livres d'Offices.*

A NUNC DIMITTIS.

Ant. Qui creavit me, requievit in tabernaculo meo, et dixit mihi : In Jacob inhabita. Et sic in Sion firmata sum, et in plenitudine Sanctorum detentio mea. *Eccli.* 24.

EXERCICES DU SOIR
PENDANT LE MOIS DE MARIE.

PETITES VÊPRES DE LA SAINTE VIERGE.

Deus, in adjutorium meum intende.
Domine, ad adjuvandum me festina.

Gloria Patri et Filio et Spiritui Sancto, sicut erat in principio, et nunc, et semper, et in sæcula sæculorum. Amen. Alleluia.

Psaume 109.

Dixit Dominus Domino meo : Sede a dextris meis,

Donec ponam inimicos tuos : scabellum pedum tuorum.

Virgam virtutis tuæ emittet Dominus ex Sion : dominare in medio inimicorum tuorum.

Tecum principium in die virtutis tuæ, in splendoribus sanctorum : ex utero ante luciferum genui te.

Juravit Dominus, et non pœnitebit eum :

tu es Sacerdos in æternum secundum ordinem Melchisedech.

Dominus à dextris tuis : confregit in die iræ suæ reges.

Judicabit in nationibus, implebit ruinas : conquassabit capita in terrâ multorum.

De torrente in viâ bibet : propterea exaltabit caput.

Gloria Patri, etc.

Psaume 112.

Laudate, pueri, Dominum : laudate nomen Domini.

Sit nomen Domini benedictum : ex hoc nunc et usque in sæculum.

A solis ortu usque ad occasum : laudabile nomen Domini.

Excelsus super omnes gentes Dominus : et super cœlos gloria ejus.

Quis sicut Dominus Deus noster, qui in altis habitat : et humilia respicit in cœlo et in terrâ.

Suscitans a terrâ inopem : et de stercore erigens pauperem.

Ut collocet eum cum principibus : cum principibus populi sui.

Qui habitare facit sterilem in domo : matrem filiorum lætantem.

Gloria Patri, etc.

Psaume 116.

Laudate Dominum, omnes gentes : laudate eum, omnes populi.

Quoniam confirmata est super nos misericordia ejus : et veritas Domini manet in æternum.

Gloria Patri, etc.

Capitule.

Benedictus Deus, et pater Domini nostri Jesu-Christi, qui benedixit nos in omni benedictione spirituali, in cœlestibus in Christo, sicut elegit nos in ipso ante mundi constitutionem, ut essemus sancti et immaculati in conspectu ejus in caritate.

Deo gratias.

Hymne.

Monstra te esse matrem :
Sumat per te preces,
Qui pro nobis natus
Tulit esse tuus.
   Amen.

Ora pro nobis, sancta Dei Genitrix,
Ut digni efficiamur promissionibus Christi.

Cantique.

Magnificat : anima mea Dominum,

Et exultavit spiritus meus : in Deo salutari meo :

Quia respexit humilitatem ancillæ suæ : ecce enim ex hoc beatam me dicent omnes generationes.

Quia fecit mihi magna qui potens est : et sanctum nomen ejus :

Et misericordia ejus a progenie in progenies : timentibus eum.

Fecit potentiam in brachio suo : dispersit superbos mente cordis tui.

Deposuit potentes de sede : et exaltavit humiles.

Esurientes implevit bonis : et divites dimisit inanes.

Suscepit Israël puerum suum : recordatus misericordiæ suæ.

Sicut locutus est ad patres nostros : Abraham et semini ejus in sæcula.

Gloria Patri, etc.

Oremus.

Concede, misericors Deus, fragilitati nostræ præsidium, ut, qui sanctæ Dei Genitricis memoriam agimus, intercessionis ejus auxilio à nostris iniquitatibus resurgamus : Per eumdem Dominum nostrum Jesum Christum filium tuum qui tecum vivit et regnat in unitate Spiritûs Sancti, Deus, per omnia sæcula sæculorum. Amen.

Dominus vobiscum.
Et cum spiritu tuo.
Benedicamus Domino.
Deo gratias.

LITANIES DE LA SAINTE VIERGE.

Kyrie, eleison.
Christe, eleison.
Kyrie, eleison.
Christe, audi nos.
Christe, exaudi nos.
Pater de cœlis, Deus, miserere nobis.
Fili Redemptor mundi, Deus, mis.
Spiritus Sancte, Deus, mis.
Sancta Trinitas, unus Deus, mis.
Sancta Maria, ora pro nobis.
Sancta Dei Genitrix, ora.
Sancta Virgo Virginum, ora.
Mater Christi, ora.
Mater divinæ gratiæ, ora.

Mater purissima, ora pro nobis.
Mater castissima, ora.
Mater inviolata, ora.
Mater intemerata, ora.
Mater amabilis, ora.
Mater admirabilis, ora.
Mater Creatoris, ora.
Mater Salvatoris, ora.
Virgo prudentissima, ora.
Virgo veneranda, ora.
Virgo prædicanda, ora.
Virgo potens, ora.
Virgo clemens, ora.
Virgo fidelis, ora.
Speculum justitiæ, ora.
Sedes sapientiæ, ora.
Causa nostræ lætitiæ, ora.
Vas spirituale, ora.
Vas honorabile, ora.
Vas insigne devotionis, ora.
Rosa mystica, ora.
Turris davidica, ora.
Turris eburnea, ora.
Domus aurea, ora.
Fœderis arca, ora.
Janua cœli, ora.
Stella matutina, ora.
Salus infirmorum, ora.

Refugium peccatorum, ora pro nobis.
Consolatrix afflictorum, ora.
Auxilium Christianorum, ora.
Regina Angelorum, ora.
Regina Patriarcharum, ora.
Regina Prophetarum, ora.
Regina Apostolorum, ora.
Regina Martyrum, ora.
Regina Confessorum, ora.
Regina Virginum, ora.
Regina Sanctorum omnium, ora.
Regina sacratissimi Rosarii, ora.

Agnus Dei, qui tollis peccata mundi, parce nobis, Domine.

Agnus Dei, qui tollis peccata mundi, exaudi nos, Domine.

Agnus Dei, qui tollis peccata mundi, miserere nobis.

℣. Ora pro nobis, sancta Dei Genitrix.

℟. Ut digni efficiamur promissionibus Christi.

OREMUS.

Deus cujus Unigenitus per vitam, Crucem et Resurrectionem in nostræ carnis substantiâ, nobis salutis æternæ præmia comparavit : da famulis tuis hæc omnia per sanctum Rosarium recensentibus, imitari quod gessit, sentire quæ pertulit, et assequi quod promisit. Per eumdem Dominum nostrum Jesum Christum, etc. ℟. Amen.

SALUT DU SAINT SACREMENT.

Hymne au Saint Sacrement.

Ave, verum corpus natum
De Maria virgine;
Vere passum, immolatum
In cruce pro homine;

Cujus latus perforatum
Fluxit aqua et sanguine.
Esto nobis prægustatum
Mortis in examine.

O Jesu dulcis!
O Jesu pie!
O Jesu fili Mariæ!
Tu nobis miserere. Amen.

℣. Panem de cœlo præstitisti eis.
℟. Omne delectamentum in se habentem.

Oremus.

Deus, qui nobis sub sacramento mirabili passionis tuæ memoriam reliquisti, tribue, quæsumus, ita nos corporis et sanguinis tui sacra mysteria venerari, ut redemptionis tuæ fructum in nobis jugiter sentiamus; qui vivis et regnas, Deus. Amen.

Prose à la sainte Vierge,

Inviolata, integra et casta es, Maria,
Quæ es effecta fulgida cœli porta;
O Mater alma Christi carissima!
Suscipe pia laudum præconia;
Nostra ut pura pectora sint et corpora,
Te nunc flagitant devota corda et ora.
Tua per precata dulcisona,
Nobis concedas veniam per sæcula.
O benigna! o benigna! o benigna!

℣. Ora pro nobis, sancta Dei Genitrix,
℟. Ut digni efficiamur promissionibus Christi.

Oremus.

Concede, misericors Deus, fragilitati nostræ præsidium, ut, qui sanctæ Dei Genitricis memoriam agimus, intercessionis ejus auxilio à nostris iniquitatibus resurgamus: Per eumdem Dominum nostrum Jesum Christum, etc. Amen.

Dominus vobiscum.
Et cum spiritu tuo.
Benedicamus Domino.
Deo gratias.

Et fidelium animæ per misericordiam Dei requiescant in pace. Amen.

ACTE DE CONSÉCRATION A LA SAINTE VIERGE,

pour la clôture du mois de Marie.

Auguste reine du ciel, je me prosterne devant vous, pour vous adresser les profonds hommages que je vous dois, comme à la mère de mon Dieu. Pénétré d'une reconnaissance filiale, je vous rends ici de solennelles actions de grâces pour tous les bienfaits que vous m'avez obtenus du Ciel, et me consacre, ô Vierge sainte, à votre service.

Je prends la résolution de dire chaque semaine, en votre honneur, la couronne du Saint-Rosaire, qui me rappelle les mystères de votre divin Fils, vos grandeurs et vos vertus. Par combien de bienfaits signalés n'avez-vous pas, en tout temps, récompensé vos serviteurs fidèles à le réciter? Je me propose de vous honorer par mon zèle pour votre gloire, par mon assiduité aux offices de la paroisse, par la sainte et fréquente réception des divins sacrements. Avec le secours de votre protection, que je réclame, ô Marie, je veux imiter vos vertus, votre humilité, votre foi, votre espérance, votre charité, votre vigilance et votre ferveur dans la prière; je ne m'écarterai jamais des saintes règles de la modestie, et de cette pureté qui rend semblable aux anges. C'est par la pratique de ces vertus que je me montrerai votre enfant, comme j'éprouverai, ô Marie, par les effets sensibles de votre généreuse tendresse, que vous êtes ma mère.

Agréez, ô aimable Mère, l'humble hommage de ma consécration. Intercédez pour moi, vous qui pouvez tout auprès de Notre-Seigneur Jésus-Christ. Obtenez-moi, Vierge très-pure, une parfaite réconciliation avec Dieu, le don de la persévérance finale, et la fidélité aux saintes résolutions que je forme au pied du trône de votre clémence, et que j'accomplirai sous vos auspices.

Après la Bénédiction.

Sub tuum præsidium confugimus, sancta Dei Genitrix, nostras deprecationes ne despicias in necessitatibus nostris, sed a periculis cunctis libera nos semper Virgo gloriosa et benedicta.

℣. Ora pro nobis, sancta Dei Genitrix.

℟. Ut digni efficiamur promissionibus Christi.

OREMUS.

Famulorum tuorum, quæsumus, Domine, delictis ignosce ut qui tibi placere de actibus nostris non valemus, Genitricis tuæ auxilio a nostris iniquitatibus resurgamus. Per Christum Dominum nostrum. Amen.

CANTIQUES

POUR LES MESSES DE CONFRÉRIE; POUR LES EXERCICES DU SOIR, LES DIMANCHES ET FÊTES PRINCIPALES DE L'ANNÉE; POUR LE MOIS DE MARIE.

PREMIÈRE PARTIE.

CANTIQUES POUR LES MESSES DE CONFRÉRIE.

Jours de Fêtes.

A l'Introït.

PROSE EN L'HONNEUR DU S.-SACREMENT.

Paroles tirées du Lauda, Sion; musique de Neukomm. — Cantiques de Neukomm, p. 48.

Par les chants les plus magnifiques,
Sion, célèbre ton Sauveur;
Exalte dans tes saints cantiques
Ton Dieu, ton chef et ton pasteur;
Redouble aujourd'hui, pour lui plaire,
Tes transports, tes soins empressés.
Jamais tu n'en pourras trop faire :
Tu n'en feras jamais assez.

Ouvre ton cœur à l'allégresse,
A tout le feu de tes transports,

Lorsque son immense largesse
T'ouvre elle-même ses trésors :
Près de consommer son ouvrage,
Il consacre son dernier jour
A te laisser ce tendre gage
Qui mit le comble à son amour.

Offert sur la table mystique,
L'Agneau de la nouvelle loi
Termine enfin la Pâque antique
Qui figurait le nouveau roi.
La vérité succède à l'ombre,
La loi de crainte se détruit,
La clarté chasse la nuit sombre,
Et la loi de grâce nous luit.

Jésus de son amour extrême
Veut éterniser le bienfait :
Ce que d'abord il fit lui-même,
Le prêtre à son ordre le fait :
Il change, ô prodige admirable,
Qui n'est aperçu que des cieux !
Le pain en son corps adorable,
Le vin en son sang précieux.

L'œil se méprend, l'esprit chancelle,
Il cherche d'un Dieu la splendeur ;
Mais, toujours ferme, un vrai fidèle
Sans hésiter voit son Seigneur :
Son sang pour tous est un breuvage,
Sa chair devient un aliment ;
Les espèces sont le nuage
Qui nous le couvre au sacrement.

Je te salue, ô pain de l'ange,
Aujourd'hui pain du voyageur,
Toi que j'adore et que je mange,
Ah ! viens dissiper ma langueur :

Loin de toi l'impur, le profane,
Pain réservé pour les enfants,
Mets des élus, céleste manne,
Objet seul digne de nos chants.

Au secours de notre misère
Jésus se livre entièrement.
Dans la crèche il est notre frère,
Et sur l'autel notre aliment.
Quand il mourut sur le Calvaire,
Il fut la rançon du pécheur;
Triomphant dans son sanctuaire,
Il est du juste le bonheur.

Honneur, amour, louange et gloire
Te soient rendus, ô bon Pasteur !
Vis à jamais dans ma mémoire,
Sois toujours gravé dans mon cœur.
O pain des forts! par ta puissance
Soulage mon infirmité ;
Fais qu'engraissé de ta substance,
Je règne dans l'éternité.

A l'Offertoire.

ASPIRATIONS.

Paroles de Fénelon; musique de Labat de Sérène. — Cantiques de la P. S.-Thomas-d'Aquin, p. 52.

Mon bien-aimé ne paraît pas encore.
Trop longue nuit, dureras-tu toujours ?
    Tardive aurore,
    Hâte ton cours ;
Rends-moi Jésus, ma joie et mes amours,
Mon doux Jésus, que j'aime et que j'implore.

De ton flambeau déjà les étincelles,
Astre du jour, raniment mes désirs :

Tu renouvelles
Tous mes soupirs.
Servez mes vœux, avancez mes plaisirs,
Anges du ciel, portez-moi sur vos ailes.

Je t'aperçois, asile redoutable
Où l'Eternel descend de sa grandeur ;
Temple adorable
Du Rédempteur,
Si dans tes murs il voile sa splendeur,
Ce Dieu d'amour n'en est que plus aimable.

Sans nul éclat le vrai Dieu va paraître ;
De cet autel il vient s'unir à moi.
Est-ce mon maître?
Est-ce mon roi ?
Laissez, mes yeux, laissez agir ma foi :
Un œil chrétien ne peut le méconnaître.

A l'Élévation.

JOIE ET ADORATION.

Paroles de M. de Sambucy ; musique de Monpou. — Cantiques de la P. S.-Thomas-d'Aquin , p. 1.

Quel beau jour, quel bonheur suprême !
Chrétiens, élevez vos concerts :
La terre devient le ciel même ;
Voici le Dieu de l'univers.

Frémissons de joie et de crainte,
Le Verbe descend parmi nous :
O Chérubins, abaissez-vous
  Sous sa majesté sainte. (*bis.*)

Sa voix nous convie à sa table,
Sa main y verse le bonheur ;
De son amour inépuisable

Je vais donc goûter la douceur. (Frémissons, etc.)

O Seigneur ! prêtez-nous des ailes
Pour nous élever jusqu'à vous ;
Ou des demeures éternelles
Daignez descendre jusqu'à nous. (Frémissons, etc.)

Ouvrez-vous, portes éternelles !
Des cieux, Dieu descend aujourd'hui ;
Et vous, légions immortelles,
Empressez-vous autour de lui. (Frémissons, etc.)

Eh quoi ! ce Dieu bon veut qu'on l'aime ;
Il daigne habiter en ces lieux.
Que dis-je ? il se donne lui-même :
C'est le plus beau présent des cieux. (Frémissons.)

Seigneur, dans ce nouveau cénacle,
Heureux qui goûte tes bienfaits
A l'ombre de ton tabernacle !
Plus heureux qui n'en sort jamais. (Frémissons, etc.

A la Communion du Prêtre.

AMOUR ET RECONNAISSANCE.

Paroles de Fénelon ; musique de Neukomm. — Cantiques de Neukomm, p. 57.

Qu'ils sont aimés, grand Dieu, tes tabernacles !
Qu'ils sont aimés et chéris de mon cœur !
Là tu te plais à rendre tes oracles ;
La foi triomphe, et l'amour est vainqueur.

Qu'il est heureux celui qui te contemple
Et qui soupire au pied de tes autels !
Un seul moment qu'on passe dans ton temple
Vaut mieux qu'un siècle au palais des mortels.

Je nage au sein des plus pures délices ;
Le ciel entier, le ciel est dans mon cœur.

Dieu de bonté, de faibles sacrifices
Méritaient-ils cet excès de bonheur ?

En les comblant, par un charme suprême,
Un Dieu puissant irrite mes désirs :
Il me consume, et je sens que je l'aime,
Et cependant je m'exhale en soupirs.

Autour de moi, les Anges, en silence,
D'un Dieu caché contemplent la splendeur.
Anéantis en sa sainte présence,
O Chérubins ! enviez mon bonheur.

Et je pourrais à ce monde qui passe
Donner un cœur par Dieu même habité !
Non, non, mon Dieu, je puis tout par ta grâce ;
Dieu ! sauve-moi de ma fragilité.

En souverain règne, commande, immole ;
Règne surtout par le droit de l'amour ;
Adieu, plaisir ; adieu, monde frivole :
A Jésus seul j'appartiens sans retour.

Au dernier Évangile.

EFFETS DE L'EUCHARISTIE.

Paroles de M. de Sambucy ; musique de Monpou. — Cantiques de la P. S.-Thomas-d'Aquin, p. 7.

L'encens divin embaume cet asile :
Quel doux concert, quel chant mélodieux !
Mon cœur se tait, et mon âme est tranquille :
La paix du ciel habite dans ces lieux.

    O pain de vie !
    O mon Sauveur !
    L'âme ravie
Trouve en vous son bonheur.

D'un sommeil pur versé sur ma paupière
Le calme heureux s'empare de mes sens :
D'un jour plus beau j'entrevois la lumière ;
Non, je ne puis dire ce que je sens.   (O pain, etc.)

Pour embellir le temple de mon âme,
Le Très-Haut daigne y fixer son séjour.
Je le possède, il m'inspire, il m'enflamme :
Je l'ai trouvé, je l'aime sans retour.   (O pain, etc.)

Que votre joug, ô Jésus, est aimable !
Que vos attraits sont saints et ravissants !
Vous m'enivrez d'une joie ineffable ;
Vous m'attirez par vos charmes puissants.   (O, etc.)

Je vous adore au dedans de moi-même ;
Je vous contemple à l'ombre de la foi ;
O Dieu, mon tout ! ô Majesté suprême !
Je ne vis plus, mais Jésus vit en moi.   (O pain, etc.)

O saints transports ! vive et douce allégresse !
Chastes ardeurs, divins embrassements !
O plaisirs purs ! délicieuse ivresse !
Mon cœur se perd dans vos ravissements !

Que vous rendrai-je, ô Sauveur plein de charmes !
Pour tous les dons que j'ai reçus de vous ?
Prenez ce cœur et recueillez mes larmes,
Double tribut dont vous êtes jaloux.   (O pain, etc.)

Vous qui prenez vos plus chères délices
Parmi les lis des cœurs purs et fervents,
Mon Bien-Aimé, je mets sous vos auspices
Mes saints projets et mes vœux innocents.   (O, etc.)

Je l'ai juré, je vous serai fidèle ;
Je vous promets un éternel amour,
Tant qu'à la nuit une aurore nouvelle
Succédera pour ramener le jour.   (O pain, etc.)

3.

Ah ! que ma langue, immobile et glacée,
En ce moment s'attache à mon palais,
Si de mon cœur s'efface la pensée
De votre nom, comme de vos bienfaits. (O pain, etc.)

Le premier Dimanche du Mois.

A l'Introït.

FOI, HUMILITÉ.

Paroles de *** ; musique de M. Gauthier. — Cantiques de la P. S.-Jacques-du-Haut-Pas, n° 1.

Mon divin maître,
Par quel amour, comment
Daignez-vous être
Dans votre sacrement?
Vous y venez pour moi :
Plein d'une vive foi,
J'y viens vous reconnaître
Pour mon sauveur, mon roi,
Mon divin maître.

Dieu de puissance,
Je ne suis qu'un pécheur :
Votre présence
Me remplit de frayeur ;
Mais pour voir effacés
Tous mes péchés passés,
Un seul trait de clémence,
Un mot seul est assez !
Dieu de puissance.

Mon tendre père,

Acceptez les regrets
  D'un cœur sincère,
Honteux de ses excès :
Vous m'en verrez gémir
Jusqu'au dernier soupir ;
Avant de vous déplaire,
Puissé-je ici mourir,
  Mon tendre père !

  Plus je vous aime,
Plus je veux vous aimer,
  O bien suprême,
Qui seul peut me charmer !
Mais, ô Dieu plein d'attraits !
Quand, avec vos bienfaits,
Vous vous donnez vous-même,
Plus en vous je me plais,
  Plus je vous aime.

  Que je désire
De ne m'unir qu'à vous !
  Que je soupire
Après un bien si doux !
O quand pourra mon cœur
Goûter tout le bonheur
D'être sous votre empire !
Hâtez-moi la faveur
  Que je désire.

A *l'Offertoire.*

ESPÉRANCE, ADORATION.

Paroles de Fénelon ; musique de Neukomm. — Cantiques de Neukomm, p. 54.

Tu vas remplir le vœu de ma tendresse,
Divin Jésus, tu vas me rendre heureux.

O saint amour, delicieuse ivresse !
Dans ce moment mon âme est tout en feux.
    Tu vas remplir, etc.

Ne tarde plus, mon adorable père,
Ne tarde plus à venir dans mon cœur.
Rien sans Jésus ne peut le satisfaire ;
Tout autre objet est pour lui sans douceur.
    Ne tarde plus, etc.

Divin Sauveur, tu descends dans mon âme :
C'est aujourd'hui le plus beau de mes jours.
Que tout en moi se ranime et m'enflamme :
Divin époux, je t'aimerai toujours.
    Divin Sauveur, etc.

A l'Élévation.
FOI ET CHARITÉ.

Paroles de *** ; musique de ***. — Cantiques de Neukomm,
    p. 50.

O prodige d'amour ! spectacle ravissant !
Sous un pain qui n'est plus, Dieu cache sa présence !
Ici, pour le pécheur, il est encor mourant ;
Les Anges étonnés l'adorent en silence :
    Prosternez-vous, offrez des vœux :
    Oui, mortels, c'est le Roi des cieux.

Que vois-je ? Non content d'expirer sur la croix,
L'immortel Souverain de toute la nature,
Aux yeux de ses enfants rebelles à ses lois,
S'immole, et tous les jours devient leur nourriture.
    Prosternez-vous, etc.

O sacré monument de la mort du Sauveur,
Pain vivant, qui donnez la vie au vrai fidèle,
De mon âme soyez l'aliment, la douceur,
Qu'elle brûle pour vous d'une ardeur éternelle !
    Prosternez-vous, etc.

Jésus ! qu'un voile obscur ici couvre à mes yeux,
Satisfaites bientôt la soif qui me dévore :
Que je vous voie enfin dans ce royaume heureux
Où l'âme, à découvert, vous aime et vous adore !
    Oh ! quand verrai-je ce beau jour
    Qui couronnera mon amour !

A la Communion du Prêtre.

JOIE ET RECONNAISSANCE.

Paroles de Fénelon ; musique de ***. — Cantiques de la P. S.-Thomas-d'Aquin, p. 48.

Je l'ai trouvé, le seul objet que j'aime ;
Je le possède au milieu de moi-même ;
Je l'ai trouvé, je ne le quitte plus ;
Je l'ai trouvé ; mon cœur dit : c'est Jésus.

Oui, c'est Jésus, le trésor de la terre ;
C'est notre Dieu, notre ami, notre père ;
Oui, c'est Jésus, la richesse des cieux,
Dont la bonté ravit les bienheureux.

O doux Jésus, ô force souveraine,
Ah ! liez-moi d'une puissante chaîne :
Par vos bienfaits, vos célestes faveurs,
Éternisez l'union de nos cœurs.

Oui, je le sens, Jésus est dans mon âme ;
Il me console, il m'instruit, il m'enflamme ;
Par sa présence il réjouit mon cœur,
Me fait goûter déjà le vrai bonheur.

Pour m'assurer cette joie ineffable,
Je ne verrai, hors de lui, rien d'aimable ;
Je n'aimerai que Jésus, mon Sauveur :
Il aura seul mon esprit et mon cœur.

Au dernier Évangile.

ACTIONS DE GRACES.

Paroles de M. Sambucy; musique de Monpou. — Cantiques de la P. S.-Thomas-d'Aquin, p. 5.

Vous que nos vœux appellent dès l'aurore,
O Dieu d'amour, vous ravissez nos cœurs !

Quels plaisirs purs, quelles chastes douceurs !
Oui, je le sens, c'est le Dieu que j'adore.
Eh ! d'où me vient un si sublime honneur ?
O séraphins ! enviez mon bonheur.

Tendre Jésus, votre amour me dévore :
Vous m'embrasez des plus vives ardeurs.
    Quels plaisirs purs, etc.

O douce paix que le pécheur ignore !
Enivrez-moi, faites couler mes pleurs.
    Quels plaisirs purs, etc.

Banquet sacré du grand Roi qui m'honore,
Versez sur moi vos célestes faveurs.
    Quels plaisirs purs, etc.

Ah ! c'en est fait, ô mon Dieu ! je déplore
D'un cœur ingrat les coupables erreurs.
    Quels plaisirs purs, etc.

Monde insensé, je te fuis, je t'abhorre ;
Loin, loin de moi tous tes charmes trompeurs !
    Quels plaisirs purs, etc.

Messes de Mort.

Aux messes de mort qui sont dites pour les Associées, chaque année, après la fête du Saint-Rosaire; pour les Bienfaitrices de l'Association, après leur décès, l'on chantera, aux parties de la messe ci-dessus désignées, quelques strophes du Dies iræ.

DEUXIÈME PARTIE.

CANTIQUES POUR LES EXERCICES DU SOIR, LES DIMANCHES ET LES PRINCIPALES FÊTES DE L'ANNÉE.

AVENT.

Premier Dimanche.

EXISTENCE DE DIEU.

Paroles tirées d'un cantique allemand; musique de Schneider. — Cantiques de la P. S.-Étienne-du-Mont, p. 4.

Tout à l'âme pure
Dit dans la nature :
Il n'y a qu'un Dieu !
La mousse du chêne,
Le rocher, la plaine,
Tout dit : Gloire à Dieu !

C'est qu'à ta puissance
Tout doit l'existence,
O Dieu de bonté !
Et ce grand ouvrage
Est un témoignage
De ta Majesté !

Sublime mystère !
Au ciel, à la terre,
Dieu dicte des lois :
Sa foudre éclatante
Est la voix puissante
De ce Roi des rois.

Que l'amour t'enflamme,
Et chante, ô mon âme !
De Dieu la grandeur.
Ce Dieu tutélaire,
Il t'aime en bon père,
C'est un Dieu Sauveur.

GRANDEUR ET BONTÉ DE DIEU.

Paroles tirées d'un cantique allemand ; musique du Nageli.
— Cantiques de la P. S.-Étienne-du-Mont, p. 3.

Dieu de gloire,
Dieu de majesté,
Comment ne pas croire
A votre bonté ?

Au visage
De l'homme apparaît
La brillante image
Du Dieu qui l'a fait.

Ce Dieu Père,
A tout cœur soumis,
Promet la lumière
De son Paradis.

Plus d'alarmes,
Tout meurt ici-bas :
Dieu, qui voit nos larmes,
Seul ne change pas.

Deuxième Dimanche.

INVOCATION A MARIE.

Paroles tirées d'un cantique allemand ; musique de Sechter.
— Cantiques de la P. S.-Étienne-du-Mont, p 6

CHŒUR.   O Vierge Marie !
         O Mère bénie !

Pour nous quel bonheur
De chanter sans cesse
A vous louange, honneur !

Solo. Du haut des cieux venez,
Et vous consolerez
Mon âme attristée,
Car l'espoir vous suivra,
Vierge immaculée.

Vous qui brûlez d'amour
Au céleste séjour,
Priez, ô Marie !
Et toujours vers le bien
Tendra notre vie.

Ah ! par un prompt secours
Il faut avoir recours
A votre prière ;
Du bon Seigneur Jésus
Vous êtes la Mère.

CONCEPTION DE LA SAINTE VIERGE.

Paroles tirées d'un cantique allemand ; musique de Breidenstein.—Cantiques de la P. S.-Étienne-du-Mont, p. 47.

Quelle est donc cette aurore nouvelle
Dont la splendeur, à nulle autre pareille,
Monte en ce jour jusqu'au plus haut des cieux ?

En ce jour, Vierge immaculée,
Par le Seigneur, au monde, fut donnée,
Gage immortel d'un éternel amour.

Au serment, Dieu s'est montré fidèle :
Pour triompher de l'archange rebelle,
Son bras choisit une femme, un enfant.

O Marie ! ô notre Providence !
Oui, tout chrétien est plein de confiance,
En répétant votre nom protecteur.

Troisième et quatrième Dimanches.

INVOCATION A N.-S. JÉSUS-CHRIST.

Paroles de ***; musique de Neukomm. — Cantiques de Neukomm, p. 4.

Le Dieu que nos soupirs appellent,
Hélas ! ne viendra-t-il jamais ?
Les siècles qui se renouvellent
Accompliront-ils ses décrets ?

Le verrons-nous bientôt éclore,
Ce jour promis à notre foi ?
Viens dissiper, brillante aurore,
Les ombres de l'antique loi.

C'en est fait, le moment s'avance ;
Un Dieu vient essuyer nos pleurs ;
Il va combler notre espérance,
Et mettre fin à nos malheurs.

Fille des rois, ô Vierge aimable,
Parais, sors de l'obscurité :
Reçois le prix inestimable
Que tes vertus ont mérité.

Des promesses d'un Dieu fidèle
Le gage en tes mains est remis ;
Quel bonheur pour une mortelle !
Un Dieu va devenir ton fils.

Dans ta demeure solitaire,
Tu vois un ange descendu :
O prodige ! ô grâce ! ô mystère !
Dieu parle, et le Verbe est conçu.

Mortels, d'un tige coupable
Rejetons en naissant flétris,

Dieu brise le joug déplorable
Où vivaient nos aïeux proscrits.

Son amour nous rend tout facile ;
Ne combattons plus ses desseins :
Parmi nous lui-même il s'exile,
Pour finir l'exil des humains.

Il répand des grâces nouvelles,
Consomme ses engagements ;
A ses lois soyons tous fidèles,
Comme il le fut à ses serments.

PRIÈRE A N.-S. JÉSUS-CHRIST.

Paroles et musique d'un vieux Noël. —Cantiques de la P. S.-Jacques-du-Haut-Pas, n° 2.

O Dieu de clémence !
Viens, par ta présence,
Combler nos désirs,
Apaiser nos soupirs.
Sauveur secourable,
Parais à nos yeux ;
A l'homme coupable
Viens ouvrir les yeux.
Céleste victime,
Ferme-lui l'abîme.
O Dieu, etc.

Sagesse éternelle,
Lumière immortelle,
Viens, du haut des cieux,
Viens éclairer nos yeux.
Justice adorable,
Parais à jamais !
O toujours aimable,
Viens, céleste paix !

Qu'ils seront durables
Tes biens ineffables !
Sagesse, etc.

O jour d'allégresse !
Le ciel s'intéresse
A tous nos malheurs ;
Il calme nos frayeurs.
Un Dieu va paraître
Dans l'abaissement ;
Un Dieu vient de naître
Dans le dénûment.
Il est dans l'étable,
Pauvre et misérable.
O jour, etc.

Chantons tous sa gloire,
Chantons sa victoire,
Chantons ses bienfaits ;
Chantons-les à jamais.
Tous les cieux s'abaissent,
Saisis de respect ;
Nos maux disparaissent
A son seul aspect.
Tout, à sa naissance,
Cède à sa puissance.
Chantons, etc.

Gloire à son enfance,
Gloire à sa clémence,
Au plus haut des cieux,
Gloire, amour en tous lieux.
Que le cœur des anges,
Que les immortels
Chantent ses louanges
Avec les mortels.
Qu'à l'envi réponde

Et la terre et l'onde.
Gloire, etc.

SAINT JOUR DE NOEL.

LA NUIT DE NOEL.

Paroles traduites d'un cantique allemand; musique de Grimmen.—Cantiques de la P. S.-Étienne-du-Mont, p. 15.

SOLO. O sainte nuit,
Qui nous ravit!
Chassant l'ombre épaisse,
Du plus haut des cieux
Lentement s'abaisse
Un jour radieux.
Par de doux cantiques,
L'ange du Seigneur
Aux cœurs pacifiques
Promet le bonheur.
Viens, troupe fidèle,
Oui, viens imiter
L'amour et le zèle
Du simple berger.

CHŒUR. Dans une étable, ô mystère !
Naît le Sauveur de la terre :
C'est un enfant
Faible et tremblant.

SOLO. Enfant divin !
Espoir certain !
Rameau vénérable
Du tronc de Jessé,
D'un peuple coupable,
Sauveur désiré,
Reçois notre hommage,
Viens combler nos vœux,

Sois notre partage,
Enfant bienheureux.
O Dieu tutélaire !
Pour nous relever,
A notre misère
Viens t'associer.

Chœur. Toi qui veux, par ta souffrance,
Rendre enfin à l'innocence
Ton peuple aimé
Régénéré.

GLORIA IN EXCELSIS DEO.

Paroles et musique d'un ancien Noël. — Cantiques de la P. S.-Jacques-du-Haut-Pas, n° 3.

J'entends là-bas dans la plaine,
Les anges descendus des cieux,
Chanter à perte d'haleine
Ce cantique mélodieux :
Gloria in excelsis Deo.

Bergers, pour qui cette fête ?
Quel est l'objet de tous ces chants ?
Quel vainqueur, quelle conquête
Mérite ces cris triomphants ?
Gloria in excelsis Deo.

Ils annoncent la naissance
Du libérateur d'Israël,
Et pleins de reconnaissance
Chantent en ce jour solennel :
Gloria in excelsis Deo.

Cherchons tous l'heureux village
Qui l'a vu naître sous ses toits ;
Offrons-lui le tendre hommage

Et de nos cœurs et de nos voix.
  Gloria in excelsis Deo.

Dans l'humilité profonde
Où vous paraissez à nos yeux,
  Pour vous louer, ô Dieu du monde!
Nous redirons ce chant joyeux :
  Gloria in excelsis Deo.

Toujours charmés du mystère
Qu'opère ici-bas votre amour,
  Notre bonheur sur la terre
Sera de chanter chaque jour :
  Gloria in excelsis Deo.

Déjà par la bouche de l'Ange,
Par les hymnes des Chérubins,
  Les hommes savent la louange
Qui se chante aux parvis divins.
  Gloria in excelsis Deo.

Bergers, loin de vos retraites,
Unissez-vous à leurs concerts,
  Et que vos tendres musettes
Fassent retentir les airs :
  Gloria in excelsis Deo.

Dociles à leur exemple,
Seigneur, nous viendrons désormais,
  Au milieu de votre temple,
Chanter avec eux vos bienfaits :
  Gloria in excelsis Deo.

DIMANCHES AVANT L'ÉPIPHANIE.

AMOUR A L'ENFANT JÉSUS.

Paroles de *** ; musique de Foulon.—Cantiques de Foulon,
p. 60.

Dans cette étable,
Que Jésus est charmant!

Qu'il est aimable
Dans son abaissement !
Que d'attraits à la fois !
Tous les palais des rois
N'ont rien de comparable
Aux beautés que je vois
Dans cette étable !

Que sa puissance
Paraît bien en ce jour,
Malgré l'enfance
Où le réduit l'amour !
L'esclave racheté,
Et tout l'enfer dompté,
Font voir qu'à sa naissance
Rien n'est plus redouté
Que sa puissance !

Heureux mystère !
Jésus souffrant pour nous,
D'un Dieu sévère
Apaise le courroux.
Pour sauver le pécheur,
Il naît dans la douleur,
Et sa bonté de Père
Eclipse sa grandeur.
Heureux mystère !

S'il est sensible,
Ce n'est qu'à nos malheurs ;
Le froid horrible
Ne cause point ses pleurs.
Après tant de bienfaits,
Notre cœur aux attraits
D'un amour si visible
Doit céder désormais,
S'il est sensible !

Que je vous aime !
Peut-on voir vos appas,
Beauté suprême,
Et ne vous aimer pas ?
Puissant maître des cieux,
Brûlez-moi de ces feux
Dont vous brûlez-vous-même ;
Ce sont là tous mes vœux.
Que je vous aime !

PRIÈRE A N.-S. JÉSUS-CHRIST.

Paroles tirées d'un cantique allemand ; musique de Braun.— Cantiques de la P. S.-Étienne-du-Mont, p. 25.

Agneau de Dieu, Jésus la douceur même,
Ah ! secourez le chrétien qui vous aime,
Et donnez-lui la sainte humilité,
    La paix du cœur, la bonté.

Vous avez dit : L'âme toujours fidèle
A chaque instant verra croître son zèle ;
Mon joug est doux, il prépare le cœur
    A goûter le vrai bonheur.

Seigneur, voyez le fardeau qui m'accable,
Et tendez-moi une main secourable.
Sous votre joug prosterné pour toujours,
    Je veux terminer mes jours.

ÉPIPHANIE.

ENFANCE DE N.-S. JÉSUS-CHRIST.

Paroles de M. Letourneur ; musique de Foulon.—Cantiques de Foulon, p. 67.

Au saint berceau
Qu'entourent mille archanges,

Où naît pour vous des enfants le plus beau,
Venez unir votre amour, vos louanges,
Peuple naissant, cher espoir du troupeau,
    Au saint berceau.

    Dieu tout-puissant,
  Vous que l'amour fait naître,
Qui par amour daignez vous faire enfant,
Roi, mon Sauveur, enfant d'un jour, mon maître,
Par quels transports vous accueillir naissant,
    Dieu tout-puissant?

    Le voyez-vous?
  Déjà, par son sourire,
De votre cœur il se montre jaloux :
Il tend les bras, sa bonté vous attire.
Fut-il jamais engagement plus doux?
    Le voyez-vous?

    Oui, je le vois ;
  Mais, plus pressante encore,
Jusqu'à mon cœur a pénétré sa voix :
Je vis pour toi dès ma plus tendre aurore.
Tes premiers ans, dit-il, tu me les dois,
    Oui, je le vois.

    Quelle douleur !
  Mon Dieu verse des larmes :
J'entends ses cris, ils déchirent mon cœur.
Enfant Jésus, d'où naissent vos alarmes?
Qui peut troubler la paix de mon Sauveur?
    Quelle douleur!

    Ne pleurez plus,
  Si, disciple infidèle,
J'ai démenti vos divines vertus,
Je veux enfin imiter mon modèle :
J'apprendrai tout au berceau de Jésus.
    Ne pleurez plus.

ACTIONS DE GRACES.
BIENHEUREUX EFFETS DE L'INCARNATION.

Paroles de Fénelon ; musique de Foulon. — Cantiques de Foulon, p. 59.

Amour, honneur, louanges,
Au Dieu Sauveur dans son berceau !
   Chantons avec les Anges
    Un cantique nouveau.
Si cet enfant verse des pleurs,
C'est pour attendrir les pécheurs,
Et mettre fin à nos malheurs.
   Chargé de notre offense,
Il calme le courroux des cieux ;
   La paix, par sa naissance,
    Va régner en tous lieux.   (Amour, etc.)

   Si notre cœur est dans l'ennui,
Nous ne devons chercher qu'en lui
Et notre force et notre appui.
   Loin de nous les alarmes,
Le trouble et les soucis fâcheux :
   Un jour si plein de charmes
    Doit combler tous nos vœux. (Amour, etc.)

   Quand il nous voit près de périr,
Pour nous lui-même il veut s'offrir,
Et par sa mort vient nous guérir.
   A l'ardeur qui le presse
Joignons nos généreux efforts,
   Et que de sa tendresse
    Tout suive les transports.   (Amour, etc.)

   Ne craignons plus le noir séjour ;
Ce Dieu, qui naît pour notre amour,
Nous ouvre la céleste cour :

Le démon, plein de rage,
A beau frémir dans les enfers :
De son dur esclavage
Nous briserons les fers. (Amour, etc.)

Sortons des ombres de la nuit,
Suivons cet astre qui nous luit,
Au vrai bonheur il nous conduit :
Entrant dans la carrière,
Partout il porte ses ardeurs ;
Sa brillante lumière
Enchante tous les cœurs. (Amour, etc.)

Par son immense charité,
Il rend à l'homme racheté
Le droit à l'immortalité.
Sous son heureux empire,
Les biens seront toujours parfaits ;
Heureux qui ne soupire
Qu'après ses doux attraits ! (Amour, etc.)

DIMANCHES APRÈS L'ÉPIPHANIE.

Deuxième Dimanche.

PROVIDENCE DE DIEU.

Paroles tirées d'un cantique allemand; musique de Bolfsweife.
— Cantiques de la P. S.-Étienne-du-Mont, p. 13.

Sais-tu combien d'astres brilnt
Dans le sombre azur des cieux
Combien d'étoiles scintillent,
Puis s'effacent à nos yeux ?
Dieu ! toi seul qui les enfantes,
Les as seul toujours présentes
A ton regard radieux. (*bis.*)

Sais-tu compter les atomes
Qui sous un soleil brillant,
Comme un peuple de fantômes,
Semblent sortir du néant ?
Dieu seul, qui dans sa puissance
Leur a donné l'existence,
Les voit tous en un instant. (*bis.*)

Sais-tu combien d'âmes pures,
A leur Dieu, rendent l'honneur
Que doivent les créatures
A leur bienfaisant auteur ?
Dieu seul, dans sa providence,
Des cœurs a la connaissance.
Chantons ses dons, sa grandeur. (*bis.*)

CONFIANCE EN DIEU.

Paroles tirées d'un cantique allemand; musique de Breidenstein.—Cantiques de la P. S.-Étienne-du-Mont, p. 21.

Dieu seul est grand,
Célébrons sa puissance :
Seul il répand,
Dans sa munificence,
Ses dons que partout l'homme attend.

Dieu veut et dit...
Soudain naissent les mondes !
Mais, s'il maudit...
Cieux, astres, mer profonde,
Au sein du néant, tout s'enfuit.

Dieu de bonté,
O Sagesse éternelle !
La vérité,
La justice immortelle,
Forment ton trône et ta cité.

4.

Dieu, mon Sauveur !
J'ai foi dans ta puissance.
Règne en mon cœur,
Eternelle espérance,
Et guide-moi vers le bonheur.

Troisième Dimanche.

CULTE DOMESTIQUE : LA PRIÈRE DU SOIR.

Paroles tirées d'un cantique allemand; musique de Breidenstein. — Cantiques de la P. S.-Étienne-du-Mont, p. 17.

Celui dont la puissance
Nous donna l'existence
Nous invite au repos ;
Et déjà sur la terre,
Glissant avec mystère,
La nuit nous verse ses pavots.

Tandis qu'au sein de l'ombre,
Les cieux, de feux sans nombre,
Etalent les splendeurs ;
Prosternés sur la terre,
O Seigneur ! notre Père,
Nous vous faisons l'hommage de nos cœurs.

A votre voix rebelles,
Dieu ! nos cœurs infidèles
Bien loin de vous ont fui.
Oui, mais pour une larme,
Votre bras se désarme ;
L'espoir, à nos regards, a lui.

LA NUIT.

Paroles tirées d'un cantique allemand; musique de Braun.
- Cantiques de la P. S.-Étienne-du-Mont, p. 9.

Lentement l'ombre s'abaisse,
Et le silence la suit :
Du jour le tumulte cesse,
Et laisse régner la nuit.

Du ciel pour nous descendue,
Douce paix, nous te louons :
Seigneur, pour sa bienvenue
Toujours nous te bénirons.

Quand la nuit vient sur la terre
Mettre un terme à nos labeurs,
Du sommeil, ô tendre Père !
Tu nous verses les douceurs.

Dieu, sur nous, ta bonté veille :
Que pouvons-nous redouter ?
Près de nous, quand tout sommeille,
Ton ange vient se placer.

Quatrième Dimanche.

LOUANGES A DIEU.

Paroles tirées d'un cantique allemand; musique de Schnabel.
— Cantiques de la P. S.-Étienne-du-Mont, p. 6.

Vos bienfaits, ô notre Père !
   Charment tous les cœurs.
Que nos voix au loin sur terre
   Chantent vos faveurs.

Un tendre attrait nous engage
   A vous adorer,

A vous aimer sans partage,
    Pour nous relever.

O douceur de l'innocence !
    Vous nous appelez,
Et les pleurs de la souffrance,
    Vous les essuyez.

PRIÈRE DE LA FAMILLE.

Paroles tirées d'un cantique allemand; musique de Braun.
— Cantiques de la P. S.-Étienne-du-Mont, p. 9.

Exauce la prière
De tes enfants soumis.
A tes genoux, bon Père,
Nous voici réunis.

O toi qui partout règne
Sur la terre et les cieux,
Fais que partout l'on craigne
Ton nom victorieux.

Fais-nous de notre enfance
Conserver la candeur ;
Conduis notre espérance
Vers l'éternel bonheur.

Cinquième Dimanche.

LA CRÉATION.

Paroles tirées d'un cantique allemand; musique de Harder.
— Cantiques de la P. S.-Étienne-du-Mont, p. 19.

Au sein de l'ombre et du mystère,
Le globe entier gisait sans bruit ;
Dieu dit : Apparaissez, lumière !
    Et le premier jour luit.
      Surprise et charmée,

>   La céleste cour
>   Remplit l'empyrée
>   De ses chants d'amour.

Dieu dit : au sein des noirs abîmes
Le flot s'élance en mugissant ;
Puis les rochers montrent leurs cimes,
>   La terre au loin s'étend.
>> Qu'elle est noble et belle,
>> Votre œuvre, Seigneur !
>> O troupe immortelle !
>> Redis sa grandeur.

Il dit : de fleurs le sol se couvre,
Et les poissons peuplent les mers ;
Puis de la terre qui s'entr'ouvre
>   L'oiseau part dans les airs.
>> La biche innocente
>>> Prend ses ébats ;
>> La panthère ardente
>> S'élance aux combats.

Dieu dit : Faisons à notre image
Un être au bonheur destiné.
Soudain, pour couronner l'ouvrage,
>   A sa voix l'homme est né.
>> L'homme est un mystère
>> Que Dieu seul connaît ;
>> D'esprit, de matière,
>> Son être fut fait.

Dieu, voyant l'œuvre terminée,
Et contemplant tous ses travaux,
Bénit la septième journée,
>   Qu'il consacre au repos.
>> Salut, jour de gloire,
>> Jour du Créateur !
>> O jour de victoire !
>> Rends-nous le bonheur.

Sixième Dimanche.

INVOCATION A DIEU.

Paroles tirées d'un cantique allemand; musique de Breidenstein.—Cantiques de la P. S.-Étienne-du-Mont, p. 27.

Êtres créés, chantez le Créateur,
Chantez de Dieu la gloire et la grandeur.

Amour divin,
Viens, ô brûlante flamme !
Viens en mon âme
Régner sans fin.
Amour divin, etc. (*bis.*)

O mon Sauveur !
D'où vient toute sagesse,
Ta sainte ivresse
Remplit mon cœur.
O mon Sauveur ! etc. (*bis.*)

Astres divers
Que Dieu fait naître,
Chantez le Maître
De l'univers.
Astres divers, etc. (*bis.*)

MERVEILLES DE LA NATURE ET DE LA LOI DIVINE.

Paroles de J.-B. Rousseau; musique de Foulon.—Cantiques de Foulon, p. 39.

Les cieux instruisent la terre
A révérer leur auteur.
Tout ce que le globe enserre
Célèbre un Dieu créateur.
Quel plus sublime cantique
Que ce concert magnifique
De tous les célestes corps !

Quelle grandeur infinie !
Quelle divine harmonie
Résulte de leurs accords !

De sa puissance immortelle
Tout parle, tout nous instruit.
Le jour au jour la révèle,
La nuit l'annonce à la nuit.
Ce grand et superbe ouvrage
N'est point pour l'homme un langage
Obscur et mystérieux :
Son admirable structure
Est la voix de la nature,
Qui se fait entendre aux yeux.

Dans une éclatante voûte
Il a placé de ses mains
Ce soleil qui dans sa route
Éclaire tous les humains.
Environné de lumière,
Cet astre ouvre sa carrière
Comme un époux glorieux,
Qui, dès l'aube matinale,
De sa couche nuptiale
Sort brillant et radieux.

L'univers, à sa présence,
Semble sortir du néant.
Il prend sa course, il s'avance
Comme un superbe géant.
Bientôt sa marche féconde
Embrasse le tour du monde
Dans un cercle qu'il décrit ;
Et, par sa chaleur puissante,
La nature languissante
Se ranime et se nourrit.

O que tes œuvres sont belles,

Grand Dieu ! quels sont tes bienfaits !
Que ceux qui te sont fidèles
Sous ton joug trouvent d'attraits !
Ta crainte inspire la joie :
Elle assure notre voie ;
Elle nous rend triomphants :
Elle éclaire la jeunesse,
Et fait briller la sagesse
Dans les plus faibles enfants.

Soutiens ma foi chancelante,
Dieu puissant ; inspire-moi
Cette crainte vigilante
Qui fait pratiquer ta loi.
Loi sainte, loi désirable,
Ta richesse est préférable
A la richesse de l'or :
Et ta douceur est pareille
Au miel dont la jeune abeille
Compose son cher trésor.

Mais sans tes clartés sacrées,
Qui peut connaître, Seigneur,
Les faiblesses égarées
Dans les replis de son cœur ?
Prête-moi tes feux propices :
Viens m'aider à fuir les vices
Qui s'attachent à mes pas :
Viens consumer par ta flamme
Ceux que je vois dans mon âme,
Et ceux que je n'y vois pas.

Si de leur cruel empire
Tu veux dégager mes sens,
Si tu daignes me sourire,
Mes jours seront innocents.
J'irai puiser sur ta trace,
Dans les sources de ta grâce ;

Et, de ses eaux abreuvé,
Ma gloire fera connaître
Que le Dieu qui m'a fait naître
Est le Dieu qui m'a sauvé.

ÉLÉVATIONS A DIEU A LA VUE DES CRÉATURES.

Paroles de ***; musique de Neukomm. — Cantiques de Neukomm, p. 2.

Du roi des cieux tout célèbre la gloire,
Tout à mes yeux peint un Dieu créateur;
De ses bienfaits perdrais-je la mémoire!
Tout l'univers m'annonce son auteur.
L'astre du jour m'offre, par sa lumière,
Un faible trait de sa vive clarté :
Au bruit des flots, à l'éclat du tonnerre,
Je reconnais le Dieu de majesté.

Charmants oiseaux de ce riant bocage,
Chantez, chantez, redoublez vos concerts;
Par vos accents, rendez un digne hommage
Au Dieu puissant qui régit l'univers :
Par vos doux sons, votre tendre ramage,
Vous inspirez l'innocence et la paix,
Et vos plaisirs du moins ont l'avantage
Que les remords ne les suivent jamais.

Aimables fleurs qui parez ce rivage,
Et que l'aurore arrose de ses pleurs,
De la vertu vous me tracez l'image,
Par l'éclat pur de vos vives couleurs :
Si vous séchez où l'on vous voit éclore,
Et ne brillez souvent qu'un jour ou deux,
Votre parfum après vous dure encore :
De la vertu symbole précieux!

Charmant ruisseau qu'on voit, dans la prairie,
Fuir, serpenter, précipiter ton cours,
Tel est, héas! le cours de notre vie...
Comme tes eaux s'écoulent nos beaux jours!
Tu vas te perdre, à la fin de ta course,
Au sein des mers, d'où jamais rien ne sort ;
Et tous nos pas, ainsi, dès notre source,
Toujours errants, nous mènent à la mort!

PRÉSENTATION DE N.-S. JÉSUS-CHRIST ET PURIFICATION DE LA SAINTE VIERGE.

LOUANGES A JÉSUS ET A MARIE.

Paroles de l'hymne *Stupete, gentes*; musique de ***. — Cantiques de la P. S.-Jacques, n° 8.

O prodige! ô merveille! un Dieu se sacrifie;
A la loi se soumet un Dieu législateur ;
Une mère est sans tache, elle se purifie;
    On rachète un Dieu Rédempteur!

A l'instant où Jésus vient et victime et prêtre,
Sion, ouvre ton temple à la Divinité;
Qu'aux ombres de la loi que tu vois disparaître
    Succède enfin la vérité!

Le sang des animaux, offerts en sacrifice,
Ne doit plus se verser dans tes jours solennels ;
Aux yeux du Tout-Puissant, pour calmer sa justice,
    Un Dieu paraît sur ses autels!

Marie enfante, et suit, toujours humble, l'exemple
Des mères qu'on proscrit pour un temps du saint lieu;
Mais pourquoi t'effrayer en entrant dans le temple?
    O sanctuaire du vrai Dieu !

Connaissant de son Fils les grandeurs éternelles,
La Vierge entre ses bras tient l'adorable Enfant,
Et, pour le racheter, deux jeunes tourterelles
    Forment son modeste présent.

Une triple victime à Dieu se sacrifie :
De sa virginité la Mère offre l'honneur,
L'enfant offre son corps, et le vieillard sa vie,
    Victime et sacrificateur !

Parmi tant de témoins de l'auguste mystère
Où la Vierge en secret adorait tes grandeurs,
O Verbe ! alors muet, qu'à ta divine Mère
    Tu dévoilais de profondeurs !

Que de traits, ô Marie, entreront dans ton âme,
Quel glaive de douleur, que de frémissements !
Cet agneau, dont l'amour te saisit et t'enflamme,
    Doit expirer dans les tourments !

A peine il voit le jour, que, s'étant fait victime,
De son cruel supplice il se fixe le choix...
Il croîtra, mais son sang, pour expier le crime,
    Sera versé sur une croix !

La vapeur de l'encens se répand dans le temple ;
Jésus soumis s'avance : entrons dans le saint lieu...
Au pied du même autel, chrétiens, à son exemple,
    Courons nous immoler à Dieu.

SAINTE ESPÉRANCE.

Paroles tirées du *Nunc dimittis* ; musique de ***. — Cantiques de la P. S.-Jacques-du-Haut-Pas, n° 5.

La mort peut de son ombre
Me couvrir désormais,
Grand Dieu ! dans la nuit sombre

Mes jours iront en paix :
Mon âme est trop contente ;
Je vois dans ce saint lieu
L'objet de mon attente,
Mon Sauveur et mon Dieu !

A l'éclat ineffable
Qui sort de ses attraits,
De ton Verbe adorable
Je reconnais les traits :
C'est lui, c'est le Messie
Qui nous était promis ;
Ta parole est remplie ;
Nous possédons ton Fils.

Tu l'as mis en spectacle,
Sous les yeux des humains,
Pour être un jour l'oracle
Et l'amour de tes Saints :
Quel beau jour nous éclaire !
Dieu donne en même temps,
Aux peuples, la lumière,
La gloire, à ses enfants.

SEPTUAGÉSIME.

LE JOUR DU SEIGNEUR.

Paroles tirées d'un cantique allemand; musique de Hahn.
— Cantiques de la P. S. Etienne-du-Mont, p. 4.

Combien vite il s'écoule,
Le beau jour du Seigneur !
Venez, venez en foule
En goûter les douceurs,
Et chantez tous en chœur,
Vous qu'un saint zèle anime,

Chantez l'œuvre sublime
De votre Créateur.

Oui, nous voulons, bon Père,
Sans cesse t'obéir.
Vivre en chrétien sur terre
Est notre seul désir.
O Dieu qui nous créas,
Et qui lis dans nos âmes,
Dissipe nos alarmes,
Daigne affermir nos pas.

NOTRE PÈRE.

Paroles du *Pater*; musique de Monpou. — Cantiques de la
P. S.-Thomas-d'Aquin, p. 18.)

Vous, dont le trône est au plus haut des cieux,
Vous, à la fois notre Dieu, notre Père,
Sur vos enfants daignez jeter les yeux ;
Prêtez l'oreille à leur humble prière.   *(bis.)*

Que votre nom, digne de tout honneur,
Mais trop souvent en butte à nos outrages,
Soit à jamais gravé dans notre cœur,
Soit honoré par d'éternels hommages.   *(bis.)*

Vous êtes seul notre souverain bien ;
C'est après vous que notre âme soupire ;
Dans cet exil, la grâce est mon soutien,
Mais quand viendra votre céleste empire ?   *(bis.)*

Faites régner sur toute volonté,
De votre loi, la volonté suprême,
Et qu'à jamais, par sa fidélité,
La terre soit l'image du ciel même.   *(bis.)*

Objets chéris de vos soins vigilants,
Seigneur, en vous, nous ne voyons qu'un père :

Dans leurs besoins, secourez vos enfants ;
Un peu de pain suffit à leur misère. *(bis.)*

Que la clémence à vos yeux a de prix !
Elle ravit l'immortelle couronne :
C'en est donc fait, il n'est plus d'ennemis :
Nous pardonnons... et notre Dieu pardonne. *(bis.)*

Sur cette mer où vous guidez nos pas,
Mille dangers nous assaillent sans cesse ;
Je périrai, mon Dieu, si votre bras
A tout instant ne soutient ma faiblesse. *(bis.)*

De tous côtés environnés de maux,
Votre cœur seul est un abri fidèle :
Ah ! puissions-nous y goûter le repos,
Y posséder une paix éternelle ! *(bis.)*

SEXAGÉSIME.

LA MORT ET LA RÉSURRECTION.

Paroles tirées d'un cantique allemand ; musique de Braün.
— Cantiques de la P. S.-Etienne-du Mont, p. 10.

Livre, chrétien, livre à la terre
Ce qui n'était qu'une poussière ;
Qu'en paix ici repose enfin
Ce voyageur las du chemin.

Tombe, reçois ce corps sans âme,
Jusqu'à ce que Dieu le réclame,
Et que, brillant, ressuscité,
Il règne dans l'éternité !

Par cette dépouille flétrie,
Apprends, mortel, ce qu'est la vie ;
Longtemps il te fallut souffrir.....

Dieu te rappelle : il faut mourir !

Fais, ô chrétien ! que ta pensée
Vers le bien soit toujours tournée.
D'un Dieu vengeur dépend ton sort :
A chaque instant songe à la mort.

EXHORTATION A LA SAGESSE.

Paroles tirées d'un cantique allemand ; musique de Kübler. — Cantiques de la P. S.-Etienne-du-Mont, p. 11.

Mortel, que l'honneur te conseille
    Jusqu'à ton dernier jour ;
Que sur ton cœur sans cesse veille
    La loi d'un Dieu d'amour.

Alors ton long pèlerinage
    Te conduit sans effort,
Par des prés fleuris, au rivage,
    Où nous attend la mort.

Alors rien n'arrête ton zèle ;
    Pour prix de ton labeur,
Tu rends la terre bien plus belle
    Aux yeux de son auteur.

Pour le méchant tout est misère
    Au sentier qu'il choisit ;
Et, plus il va, plus la lumière
    Loin de ses yeux s'enfuit...

QUINQUAGÉSIME.

SENTIMENTS DE PÉNITENCE.

Paroles tirées d'un cantique allemand ; musique de Breidenstein. — Cantiques de la P. S.-Etienne-du-Mont, p. 21.

Vers vous, ô Dieu, mon cœur soupire ;

Ah ! loin de vous ne me rejetez pas...
Mais pardonnez à mon triste délire ;
Dieu de bonté, daignez guider mes pas.

Seigneur, purifiez mon âme ;
Mettez la paix où régnait la fureur...
Que votre nom, pour vous, d'amour m'enflamme !
Chassez Satan loin de mon faible cœur.

SENTIMENT DE CONFIANCE.

Paroles tirées d'un cantique allemand ; musique de Hahn. — Cantiques de la P. Saint-Etienne-du-Mont, p. 2.

Dieu tout-puissant, nous te prions :
　Fais-nous aimer la sagesse,
Fais-nous dompter les passions
　Qui tentent notre faiblesse ;
Sur nous étends ton bras puissant...
Et nous vivrons en pratiquant
La loi que tout chrétien professe.

Esprit d'amour, de vérité,
　Je veux te rester fidèle ;
Je crois ! et ton éternité
　Sera le prix de mon zèle.
Ainsi, coulez, coulez mes jours,
Que rien n'arrête votre cours :
Mon espérance est immortelle !

CARÊME.

Premier Dimanche.

LA MORT.

aroles de Pompignan ; musique de Neukomm. — Cantiques de Neukomm, p. 14.

A la mort, à la mort,
　Pécheur, tout finira ;

Le Seigneur à la mort
　Te jugera.

Il faut mourir, il faut mourir,
De ce monde il nous faut sortir.
Le triste arrêt en est porté ;
Il faut qu'il soit exécuté.　　　(A la mort, etc.)

Comme une fleur qui se flétrit,
Ainsi l'homme bientôt périt.
L'affreuse mort vient, de ses jours,
En un moment trancher le cours. (A la mort.)

Venez, pécheurs, près du cercueil,
Venez confondre votre orgueil ;
Là, tout ce qu'on estime tant
Est enfin réduit au néant.　　　(A la mort, etc.)

Vous qui suivez tous vos désirs,
Qui vous plongez dans les plaisirs,
Pour vous quel affreux changement
La mort va faire en ce moment ! (A la mort.)

Plus de trésors, plus de grandeurs,
Plus de jeux, de ris, de douceurs ;
Ces biens, dont vous êtes jaloux,
Vont tout à coup périr pour vous. (A la mort.)

S'il vous fallait subir l'arrêt,
Qui de vous, chrétiens, serait prêt ?
Combien dont le funeste sort
Serait une éternelle mort !　　(A la mort, etc.)

LE JUGEMENT.

Paroles de J.-B. Rousseau ; musique de Neukomm.
— Cantiques de Neukomm, p. 15.

Dieu va déployer sa puissance ;
Le temps comme un songe s'enfuit.

5.

Les siècles sont passés, l'éternité commence,
Le monde va rentrer dans l'horreur de la nuit.
    Dieu va déployer, etc.

    J'entends la trompette effrayante :
      Quel bruit ! quels lugubres éclairs !
Le Seigneur a lancé la foudre étincelante,
Et ses feux dévorants embrasent l'univers.
    J'entends, etc.

    Tremblez, habitants de la terre,
      Tremblez, le Seigneur va venir !
De sa part, ô pécheurs, nous vous faisons la guerre ;
Il paraîtra bientôt ; il viendra vous punir.
    Tremblez, etc.

    Il vient : tout est dans le silence ;
      Sa croix porte au loin la terreur :
Le pécheur consterné frémit à sa présence,
Et le juste lui-même est saisi de frayeur.
    Il vient, etc.

    Assis sur un trône de gloire,
      Il dit : Venez, ô mes élus !
Comme moi, vous avez remporté la victoire,
Recevez de mes mains le prix de vos vertus.
    Assis, etc.

    Tombez dans le sein des abîmes,
      Tombez, pécheurs audacieux ;
De mon juste courroux immortelles victimes,
Vils suppôts des démons, vous brûlerez comme eux.
    Tombez, etc.

    Triste éternité de supplices,
      Tu vas donc commencer ton cours !
De l'heureuse Sion ineffables délices,
Bonheur, gloire des saints, vous durerez toujours !
    Triste, etc.

Grand Dieu, qui sera la victime
De ton implacable fureur?
Quel noir pressentiment me tourmente et m'opprime!
La crainte et les remords me déchirent le cœur.
Grand Dieu, etc.

Que ton jugement est sévère!
Pourrai-je en subir les rigueurs?
J'ai péché, mais ton sang désarme ta colère;
J'ai péché, mais mon crime est éteint par mes pleurs.
Que ton jugement, etc.

Pour nous délivrer des alarmes
Qui dans ce jour fondront sur nous,
Fléchissons notre juge, ayons recours aux larmes;
Tâchons, par nos sanglots, de calmer son courroux.
Pour nous, etc.

Écoutons la voix favorable,
La voix des hérauts du Seigneur;
Elle dit aux pécheurs : Cessez d'être coupables,
Venez vous convertir, venez changer de cœur.
Écoutons, etc.

Deuxième Dimanche.

LE PURGATOIRE.

Paroles tirées d'un cantique allemand; musique de Breidenstein. — Cant. de la P. S.-Étienne-du-Mont, p. 34.

Au sein de flammes dévorantes,
Ah! combien d'âmes gémissantes,
Expiant leurs erreurs,
Implorent les prières
De leurs sœurs, de leurs frères :
Soyons touchés de leurs douleurs.

Dans ce séjour du Purgatoire,
Combien est triste la mémoire
 Du temps qu'on a perdu !
 Regrets pleins de misère,
 Que l'espoir seul tempère,
Du bonheur, au ciel, entrevu !

Bien loin du Seigneur exilée,
De regrets l'âme consumée
 Doit souffrir tant de maux !
 A la plus misérable,
 Seigneur, Dieu secourable,
Daignez accorder le repos.

Chrétien, si parfois dans la ville
Tu vois passer le char tranquille
 Qui conduit au tombeau...
 Songe à prier Marie,
 Notre Mère chérie,
Pour ceux qui souffrent tant de maux !

L'ENFER.

Paroles de Pompignan ; musique de Foulon. — Cantiques de Foulon, p. 55.

Quelle fatale erreur, quel charme nous entraîne !
Rien n'égala jamais notre stupidité.
Il est pour les pécheurs une éternelle peine,
  Et nous aimons l'iniquité !

De Dieu, sur nos excès, voyant le long silence,
On croit qu'impunément on le peut offenser :
Mais, s'il exerce tard sa terrible vengeance,
  Son temps viendra de l'exercer.

C'est après notre mort que, montrant sa justice,
Il sait rendre à chacun ce qu'il a mérité :

Mais, soit qu'alors sa main récompense ou punisse,
    C'est pour tout une éternité.

Devant Dieu les damnés seront toujours coupables ;
En mourant criminels, ils sont morts endurcis :
Il faut donc qu'en enfer des maux toujours durables
    De tant de forfaits soient le prix.

La beauté du Seigneur, l'éternel héritage,
Les plaisirs ravissants du céleste séjour,
Jamais des réprouvés ne seront le partage :
    Ils ont tout perdu sans retour !

O brasiers de l'enfer, ô flammes dévorantes !
Qu'un Dieu, dans son courroux, ne cesse d'allumer,
Vous brûlez le pécheur dans ces prisons ardentes,
    Hélas ! mais sans le consumer.

Que la mort pour toujours leur semble désirable !
Il voudrait n'être plus, pour cesser de souffrir :
Mais c'est du ciel contre eux l'arrêt irrévocable :
    Souffrir toujours, jamais mourir !

Toujours dans leurs tourments la même violence !
Non, ils n'espèrent point un état plus heureux :
Est-il dans les enfers un rayon d'espérance ?
    Toujours un désespoir affreux.

Un mal, quoique léger, nous semble insupportable,
Lorsque c'est pour longtemps qu'il nous faut l'endurer :
Mais l'enfer est le mal le plus intolérable,
    Et l'enfer doit toujours durer.

Après avoir souffert des millions d'années,
Et le plus long des temps que l'esprit peut penser,
Les damnés, loin de voir leurs peines terminées,
    Les sentiront recommencer.

De ces peines sans fin, la pensée accablante

Afflige leur esprit sans cesser un moment :
L'éternité pour eux tout entière est présente :
L'éternité fait leur tourment.

Eternels hurlements, tortures éternelles ;
Feux, brasiers éternels, éternelle fureur ;
O peines de l'enfer, que vous êtes cruelles !
Je le crois, et je suis pécheur !

O vous, cœurs obstinés, aveuglés dans le crime,
Qui ne redoutez point les coups vengeurs des cieux !
Un jour, ensevelis dans l'éternel abîme,
Trop tard vous ouvrirez les yeux.

Craignons, mortels, craignons ce gouffre formidable ;
Portons-en dans l'esprit un souvenir constant :
Le vice alors, pour nous, n'aura plus rien d'aimable,
La vertu rien de rebutant.

Grand Dieu, Dieu tout-puissant, terrible en vos vengeances,
Purifiez nos cœurs avant notre trépas :
Coupez, brûlez, tranchez, punissez nos offenses ;
Pour toujours ne nous perdez pas.

Troisième Dimanche.

DIEU ET LE PÉCHEUR.

Paroles de Fénelon ; musique de Neukomm. — Cantiques de Neukomm, p. 20.

DIEU.

Reviens, pécheur, à ton Dieu qui t'appelle ;
Viens au plus tôt te ranger sous sa loi :
Tu n'as été déjà que trop rebelle ;
Reviens à lui, puisqu'il revient à toi.

LE PÉCHEUR.

Voici, Seigneur, cette brebis errante
Que vous daignez chercher depuis longtemps ;
Touché, confus d'une si longue attente,
Sans plus tarder je reviens, je me rends.

DIEU.

Pour t'attirer ma voix se fait entendre ;
Sans me lasser partout je te poursuis :
D'un Dieu, pour toi, du père le plus tendre,
J'ai les bontés, ingrat, et tu me fuis !

LE PÉCHEUR.

Errant, perdu, je cherchais un asile ;
Je m'efforçais de vivre sans effroi.
Hélas ! Seigneur, pouvais-je être tranquille,
Si loin de vous, et vous, si loin de moi ?

DIEU.

Si je suis bon, faut-il que tu m'offenses ?
Ton méchant cœur s'en prévaut chaque jour :
Plus de rigueur vaincrait tes résistances,
Tu m'aimerais si j'avais moins d'amour !

LE PÉCHEUR.

Que je redoute un juge, un Dieu sévère !
J'ai prodigué des biens qui sont sans prix :
Comment oser vous appeler mon père,
Comment oser me dire votre fils ?

DIEU.

Marche au grand jour que t'offre ma lumière ;
A sa faveur tu peux faire le bien ;
La nuit bientôt finira ta carrière,
Funeste nuit où l'on ne peut plus rien.

LE PÉCHEUR.

Dieu de bonté, principe de tout être,
Unique objet digne de nous charmer,
Que j'ai longtemps vécu sans vous connaître !
Que j'ai longtemps vécu sans vous aimer !

INVOCATION A LA MISÉRICORDE DIVINE.

Paroles de L. Racine; musique de Neukomm. — Cantiques de Neukomm, p. 24.

Grâce, grâce ! Seigneur, arrête tes vengeances,
Et détourne un moment tes regards irrités :
J'ai péché, mais je pleure ; oppose à mes offenses,
Oppose à leur grandeur celle de tes bontés.

Je sais tous mes forfaits, j'en connais l'étendue ;
En tous lieux, à toute heure, ils parlent contre moi :
Par tant d'accusateurs mon âme confondue
Ne prétend pas contre eux disputer devant toi.

Tu m'avais par la main conduit dès ma naissance ;
Sur ma faiblesse en vain je voudrais m'excuser :
Tu m'avais fait, Seigneur, goûter ta connaissance ;
Mais, hélas ! de tes dons je n'ai fait qu'abuser.

De tant d'iniquités la foule m'environne :
Fils ingrat, cœur perfide, en proie à mes remords,
La terreur me saisit, je frémis, je frissonne ;
Pâle, et les yeux éteints, je descends chez les morts.

Ma voix sort du tombeau ; c'est du fond de l'abîme
Que j'élève vers toi mes douloureux accents :
Fais monter jusqu'aux pieds de ton trône sublime
Cette mourante voix et ces cris languissants.

O mon Dieu ! quoi, ce nom, je le prononce encore !
Non, non, je t'ai perdu, j'ai cessé de t'aimer :

O juge qu'en tremblant je supplie et j'adore,
Grand Dieu, d'un nom plus doux je n'ose te nommer.

Dans les gémissements, l'amertume et les larmes,
Je repasse des jours perdus dans les plaisirs,
Et voilà tout le fruit de ces jours pleins de charmes ;
Un souvenir affreux, la honte et tes soupirs.

Ces soupirs devant toi sont ma seule défense :
Par eux un criminel espère t'attendrir.
N'as-tu pas un trésor de grâce et de clémence ?
Dieu de miséricorde, il est temps de l'ouvrir.

Quatrième Dimanche.

RECOURS A LA BONTÉ DE DIEU.

Paroles de L. Racine ; musique de Monpou. — Cantiques
de la P. S.-Thomas-d'Aquin, p. 276.

Puniras-tu, Seigneur, dans ta justice,
D'un fils ingrat les longs égarements ?
Mon cœur, hélas ! commence mon supplice :
Il est en proie aux remords déchirants.

Quand je reviens sur ma coupable vie,
Tout m'y paraît à punir, à pleurer :
J'ai donc perdu mon père et ma patrie ;
Cruel malheur, rien ne peut t'égaler !

Comblé des dons de ce Dieu plein de charmes,
Tout envers lui provoquait mon amour.
Je fus ingrat ; il me dit, par ses larmes :
« Quoi ! tu me fuis, sera-ce sans retour ?

« Depuis longtemps je pleure ton absence.
« Que t'ai-je fait ? Tu m'as ravi ton cœur.
« Mon bien-aimé, reviens, et ta clémence
« Dans un moment oubliera ton erreur. »

A cette voix trop aimable et trop tendre,
Que répondis-je, insensible pécheur?
Toujours, hélas! différant à me rendre,
Toujours, mon Dieu, j'accroissais ta douleur.

En vain la croix me retraçait le gage
Et les doux fruits d'un amour tout-puissant :
D'un air distrait, indifférent, volage,
Je regardais ce signe attendrissant.

Tout est changé : devant toi, tendre maître,
Je viens pleurer mes infidélités ;
Mais à tes pieds voudras-tu reconnaître
L'indigne objet de tes rares bontés?

N'as-tu pas dit, en essuyant mes larmes,
En bannissant les soupirs de mon cœur :
Fils bien-aimé, mets fin à tes alarmes,
Jésus devient ton aimable vainqueur.

L'ENFANT PRODIGUE.

Paroles de *** ; musique de ***. — Cantiques de la
P. S.-Jacques-du-Haut-Pas, n° 6.

Comment goûter quelque repos
Dans les tourments d'un cœur coupable?
Loin de vous, ô Dieu tout aimable,
Tous les biens ne sont que des maux.
J'ai fui la maison de mon Père,
A la voix d'un monde enchanté ;
Il promet la félicité,
Mais il n'enfante que misère.

Créateur justement jaloux,
Ah! voyez ma douleur profonde.
Ce que j'ai souffert pour le monde,
Si je l'avais souffert pour vous !

J'ai poursuivi dans les alarmes
Les fantômes des vains désirs ;
Ah ! j'ai semé dans les plaisirs,
Et je moissonne dans les larmes.

Qui me rendra de la vertu
Les douces, les heureuses chaînes ?
Mon cœur, sous le poids de ses peines,
Succombe et languit abattu.
J'espérais, ô triste folie !
Vivre et tranquille et criminel ;
J'oubliais l'oracle éternel :
« Il n'est point de paix pour l'impie. »

De mon abîme, ô Dieu clément,
J'ose t'adresser ma prière :
Cessas-tu donc d'être mon père,
Si je fus un indigne enfant !
Hélas ! le lever de l'aurore
Aux pleurs trouve mes yeux ouverts ;
Et la nuit couvre l'univers,
Que mon âme gémit encore.

Mais quelle voix !... qu'ai-je entendu ?
« De concerts que tout retentisse,
« Que le ciel lui-même applaudisse ;
« Mon cher fils enfin m'est rendu. »
Dieu ! je vois mon Père, il s'empresse ;
L'amour précipite ses pas :
Il veut me serrer dans ses bras,
Baigné des pleurs de sa tendresse.

ANNONCIATION DE LA SAINTE VIERGE.

LOUANGES A JÉSUS ET A MARIE.

Paroles de *** ; musique de ***. — Cantiques de la P.
S.-Jacques-du-Haut-Pas, n° 7.

Cesse enfin, nature humaine,
Tes plaintes et tes soupirs :
Un Dieu vient finir ta peine
Et combler tous tes désirs ;
Il annonce ce mystère
Par un prince de sa cour :
Que chacun de nous révère
Un si digne et si beau jour.

Le péché du premier père
Nous avait mis dans les fers ;
Le poids de notre misère
Nous entraînait aux enfers :
Mais le céleste héritage
Nous est de nouveau promis ;
Pour nous tirer d'esclavage
Dieu fait esclave son Fils.

Une humble Vierge est choisie
Pour la Mère du Sauveur ;
C'est vous, divine Marie,
Qui recevez cet honneur :
A ses yeux vous sûtes plaire
Par votre virginité ;
Mais son choix dans ce mystère
Fut pour votre humilité.

D'un mot Dieu tira le monde
De l'abîme du néant :
Que sa parole est féconde !

Oh ! que son pouvoir est grand !
Par vous aujourd'hui la grâce
A bien plus fait en ce lieu :
Votre parole efficace
Au néant réduit un Dieu.

Le Maître de la nature
N'en respecte plus les droits ;
Son amour est sans mesure,
Il ne suit point d'autres lois :
O prodige sans exemple !
Qui vous fait du Roi des rois
Être l'épouse et le temple,
Et Mère et Vierge à la fois !

Mais, s'il vous choisit pour Mère,
C'est pour sauver le pécheur ;
L'horreur de notre misère
A causé notre bonheur.
Soyez-nous donc favorable
Dans nos peines, nos besoins ;
D'une mère charitable
Donnez-nous les tendres soins.

SALUTATION ANGÉLIQUE.

Paroles de l'*Ave, Maria* ; musique de Monpou. — Cantiques de la P. S.-Thomas-d'Aquin, p. 18.

Je vous salue, ô Reine des vertus !
Vierge bénie entre toutes les femmes.
Que béni soit votre cher Fils Jésus,
Qui s'est livré pour racheter nos âmes !

Faites-nous part de vos douces faveurs,
Mère de Dieu, pure et chaste Marie ;
Priez pour nous, misérables pécheurs,
A notre mort, comme pendant la vie !

COMPASSION DE LA SAINTE VIERGE.

LES DOULEURS DE MARIE AU PIED DE LA CROIX.

Paroles tirées d'un cantique allemand; musique de Breidenstein. — Cantiques de la P. S.-Etienne-du-Mont, p. 24.

O Vierge sainte, ô notre Mère !
Nous voici près de vous,
Sur la montagne solitaire,
Où Jésus meurt pour nous.

Qui pourrait dire votre peine,
Vos soupirs et vos pleurs ?
Est-il donc un cœur qui ne saigne
En voyant vos douleurs ?

Ah ! vous partagez le supplice
De votre Fils chéri ;
Pour consommer le sacrifice,
Vous restez près de lui.

Du ciel où vous brillez, ô Reine !
Sur nous jetez les yeux ;
Que votre amour un jour nous mène
Près de vous, dans les cieux !

STABAT MATER.

Paroles du R. P. Lefebvre; musique du R. P. Lambillotte.
— Chants à Marie, p. 46.

Debout sur le mont du Calvaire,
Où Jésus expirait ;
Debout, près de la croix, sa mère,
Sa tendre mère pleurait !

Sainte Vierge Marie,
O mère de douleurs,
A mon âme attendrie
Donnez, donnez des pleurs.

Alors sa tête était couverte, etc.

(Pour la suite du cantique, voir Chants à Marie, p. 48.)

CONFIANCE EN LA CROIX.

Paroles de ***; musique de ***. — Cantiques de la P. S.-Jacques-du-Haut-Pas, n° 14.

O Croix, cher gage
D'un Dieu mort pour nous!
Je viens vous rendre hommage;
J'ai recours à vous.   (O croix, etc.)

Vous êtes la source
    Des vrais biens,
L'espoir, la ressource,
    Des Chrétiens.   (O croix, etc.)

En vous est l'asile
    Du pécheur,
Et l'accès facile
    Du Sauveur.   (O croix, etc.)

Je vous embrasse,
O bois précieux!
Où l'auteur de la grâce
Nous ouvrit les cieux.   (Je vous embrasse.)

O mon espérance!
    Mon secours!
Soyez ma défense
    Pour toujours.   (Je vous embrasse.)

Faites, ô Croix sainte!
Qu'en vos bras
J'affronte sans crainte
Le trépas. (Je vous embrasse.)

DIMANCHES DE LA PASSION ET DES RAMEAUX.

PASSION DE N.-S. JÉSUS-CHRIST.

Paroles de Fénelon ; musique de ***. — Cantiques de la P. S.-Jacques-du-Haut-Pas, n° 15.

Au sang qu'un Dieu va répandre,
Ah! mêlez du moins vos pleurs,
Chrétiens qui venez entendre
Le récit de ses douleurs.
Puisque c'est pour vos offenses
Que ce Dieu souffre aujourd'hui,
Animés par ses souffrances,
Vivez et mourez pour lui.

Dans un jardin solitaire,
Il sent de rudes combats ;
Il prie, il craint, il espère ;
Son cœur veut et ne veut pas :
Tantôt la crainte est plus forte,
Et tantôt l'amour plus fort ;
Mais enfin l'amour l'emporte,
Et lui fait choisir la mort.

Judas, que la fureur guide,
L'aborde d'un air soumis.

Il l'embrasse, et ce perfide
Le livre à ses ennemis.
Judas, un pécheur l'imite,
Quand il feint de l'apaiser;
Souvent sa bouche hypocrite
Le trahit par un baiser.

On l'abandonne à la rage
De cent tigres inhumains;
Sur son aimable visage
Les soldats portent leurs mains.
Vous deviez, anges fidèles,
Témoins de ces attentats,
Ou le mettre sous vos ailes,
Ou frapper tous ces ingrats.

Ils le traînent au grand-prêtre,
Qui seconde leur fureur,
Et ne veut le reconnaître
Que pour un blasphémateur.
Quand il jugera la terre,
Ce Sauveur aura son tour;
Aux éclats de son tonnerre
Tu le connaîtras un jour!

Chez Pilate on le compare
Au dernier des scélérats:
Qu'entends-je, ô peuple barbare!
Tes cris sont pour Barabbas.
Quelle indigne préférence!
Le Juste est abandonné;
On condamne l'innocence,
Et le crime est pardonné!

On le dépouille, on l'attache;
Chacun arme son courroux:
Je vois cet Agneau sans tache
Tombant presque sous les coups.

C'est à nous d'être victimes :
Arrêtez, cruels bourreaux !
C'est pour effacer vos crimes
Que son sang coule à grands flots.

Une couronne cruelle
Perce son auguste front :
A ce chef, à ce modèle,
Mondains, vous faites affront.
Il languit dans les supplices,
C'est un homme de douleurs :
Vous vivez dans les délices,
Vous vous couronnez de fleurs.

Il marche, il monte au Calvaire,
Chargé d'un infâme bois ;
De là, comme d'une chaire,
Il fait entendre sa voix :
Ciel, dérobe à la vengeance
Ceux qui m'osent outrager !
C'est ainsi, quand on l'offense,
Qu'un chrétien doit se venger.

Ah ! de ce lit de souffrance,
Seigneur, ne descendez pas ;
Suspendez votre puissance,
Restez-y jusqu'au trépas.
Mais tenez votre promesse,
Attirez-nous après vous ;
Pour prix de notre tendresse,
Puissions-nous y mourir tous !

SOUFFRANCE ET SACRIFICE DE N.-S. J.-C.

Paroles de L. Racine ; musique de Neukomm. — Cantiques de Neukomm, p. 28.

Est-ce vous que je vois, ô mon maître adorable !

Pâle, abattu, sanglant, victime de douleur ?
Fallait-il à ce prix racheter un coupable,
Qui même à votre sang ne mêle pas ses pleurs ?

Judas vous livre aux Juifs dans sa fureur extrême ;
Peut-il à cet excès, le traître, vous haïr ?
Comme lui, mille fois je dis que je vous aime,
Et je ne rougis point, ingrat, de vous trahir !

On vous charge de fers, innocente victime ;
Peuples, prêtres et rois, tous s'arment contre vous.
Si le ciel est si lent à venger un tel crime,
C'est votre amour, Jésus, qui suspend son courroux.

On vous couvre d'affronts, on vous raille, on vous frappe;
Mépris, soufflets, crachats, rien ne peut vous aigrir ;
Nul murmure secret, nul mot ne vous échappe,
Et moi, sans éclater, je ne puis rien souffrir !

Quand je vois mon Sauveur, mon chef et mon modèle,
Ceint d'un bandeau sanglant d'épines, de douleurs,
Combien dois-je rougir, lâche, infâme, infidèle,
D'aimer à me plonger dans le sein des douceurs !

Quel spectacle effrayant ! ô ciel, quelle injustice !
Jésus, quoique innocent, en croix meurt attaché ;
Un Dieu juste, un Dieu bon, ordonne son supplice.
Jugez de là, mortels, quel mal est le péché !

Votre fils expirant entre vous et la terre
Est comme un mur, grand Dieu, qui pare tous vos coups;
S'il vous plaît de nous perdre, il faut que le tonnerre
Frappe ce Fils chéri pour venir jusqu'à nous.

Tu le vois mort, pécheur, ce Dieu qui t'a fait naître ;
Sa mort est ton ouvrage et devient ton appui ;
A ce trait de bonté tu dois au moins connaître
Que, s'il est mort pour toi, tu dois vivre pour lui.

O victime d'amour! ô noble sacrifice!
O sanglante agonie! ô cruelles rigueurs!
O trépas bienheureux, salutaire supplice!
Vous serez à jamais l'entretien de nos cœurs...

SAINT JOUR DE PAQUES.

TRIOMPHE DE JÉSUS-CHRIST.

Paroles tirées d'un cantique allemand; musique de Rinf. — Cantiques de la P. S.-Étienne-du-Mont, p. 30.

Vers vous, Seigneur, monte un long cri de gloire :
Le monde entier célèbre la victoire
   Du Dieu qui pour nous s'immola.
   Chantons en chœur : Alleluia,
   Alleluia, alleluia.

   Brisant la pierre tumulaire,
 Jésus sort tout brillant de lumière.
Tremblant d'effroi, le soldat prosterné,
Succombe, au seul aspect de tant de majesté.

   O mort! où donc est ta puissance?
 Jésus, brisant ton sceptre d'insolence,
 Nous montre au ciel le séjour du bonheur,
Qu'il nous a mérité par des jours de douleur!

   Chantez en chœur, Esprits célestes,
Ce beau jour tant de fois prédit par les prophètes.
   Le noir enfer, accablé de stupeur,
Voit tomber son pouvoir, et tremble de frayeur.

   Mais le chrétien, en ce jour d'allégresse,
   Divin Sauveur, bénit votre tendresse,
   De vos autels s'approchant plein de foi,
Il prend part au festin de la nouvelle loi!

TRIOMPHE DE LA CROIX.

*Paroles de J.-B. Rousseau ; musique de Neukomm. —
Cantiques de Neukomm, p. 29.*

Le Seigneur a régné : monument de sa gloire,
    La croix triomphe en ce grand jour.
Peuples, applaudissez : que les chants de victoire
    Se mêlent aux concerts d'amour.
    Le Dieu de majesté s'avance,
    Il vient habiter parmi nous :
    Pécheurs, fuyez de sa présence,
    Justes, tombez à ses genoux.

    Lève-toi, signe salutaire,
    Bois auguste, bois protecteur ;
    Lève-toi, brille sur la terre,
    Astre de paix et de bonheur !

Aplanissez la voie à celui que les anges
    Transportent des hauteurs des cieux :
Le Seigneur est son nom : rendez mille louanges
    A ce nom saint et glorieux ;
    Pour le méchant juge sévère,
    Mais pour le juste Dieu Sauveur ;
    En lui l'orphelin trouve un Père
    Et la veuve un consolateur. (Lève-toi, etc.)

Plus heureux qu'Israël, de sa reconnaissance
    Imitons les transports joyeux :
Israël ne vivait que de son espérance,
    De ses soupirs et de ses vœux.
    Sortis de cette nuit profonde,
    A nos yeux il est élevé,
    Le Dieu puissant qui fit le monde,
    Par qui le monde fut sauvé. (Lève-toi, etc.)

6.

Dieu se lève : par lui sur la sainte montagne
La terre et les cieux vont s'unir ;
Avec ce doux regard que la grâce accompagne,
Il tend les bras pour nous bénir.
Si jamais nous sommes parjures,
Nous viendrons pleurer à ses pieds,
Et retremper dans ses blessures
Nos cœurs contrits, humiliés. (Lève-toi, etc.)

APRÈS PAQUES.

Premier Dimanche.

LE JOUR DU SEIGNEUR.

Paroles tirées d'un cantique allemand; musique de Breidenstein. — Cantiques de la P. S.-Etienne-du-Mont, p. 17.

Salut, jour béni !
Aux premiers feux de ton aurore,
Chacun de nous adore,
De Dieu, l'être infini ;
Rappelant la mémoire
De ses dons, de sa gloire,
Chacun rend au Seigneur
Un tendre et doux honneur.
Salut, jour divin !
Au repos le ciel nous invite ;
Allons, que chacun quitte
Le travail et le gain ;
Prenons soin de notre âme....
Et de sa vive flamme,
Que Dieu jette, en nos cœurs,
Ses célestes ardeurs.

En ce jour prédit,
Pour nous, de Dieu, l'Agneau s'immole ;
Pour nous, de sa parole,
Le saint lieu retentit.
Venons, venons en frères,
Vénérer les mystères
Du Dieu qui, par sa mort,
A changé notre sort.

HYMNES DU DIMANCHE.

Paroles de J. Racine ; musique de Lefébure. — Cantiques de la P. Saint-Jacques-du-Haut-Pas, n° 9.

CANTIQUE DU MATIN.

L'astre du jour commence sa carrière,
Du Dieu clément, implorons le secours,
Et que ce jour nouveau qui nous éclaire,
Soit, grâce à lui, le plus beau de nos jours. (L'astre.)

Du joug des sens que sa main affranchisse
Nos faibles cœurs créés pour l'adorer,
Et que surtout, au bord du précipice,
Son Esprit saint vienne nous éclairer. (L'astre.)

Qu'il nous inspire et sagesse et clémence ;
A nos discours qu'il prête sa douceur ;
Que chaque instant de ce jour qui commence
Soit un hommage à son divin auteur. (L'astre.)

CANTIQUE DU JOUR.

L'astre du jour, du haut de sa carrière,
De feux remplit l'immensité des cieux ;
Tel, à ta voix, un torrent de lumière
Jaillit, Seigneur, du chaos ténébreux. (L'astre, etc.)

Qu'il est brillant dans un ciel sans nuage !
Quel œil mortel peut soutenir ses feux ?
Il n'est encor qu'une bien faible image
Du Dieu puissant qui règne dans les cieux. (L'astre.)

Bientôt la nuit va, de ses sombres voiles,
De la nature éclipser la beauté ;
Pour succéder à nos clartés mortelles,
D'un jour sans fin déjà luit la clarté. (L'astre, etc.)

Méprisons donc le néant de ce monde :
Que tous nos vœux se portent vers le ciel ;
Du vrai bonheur c'est la source féconde,
Il n'est de paix qu'au sein de l'Éternel. (L'astre, etc.)

CANTIQUE DU SOIR.

Le soleil vient de finir sa carrière ;
Comme un instant ce jour s'est écoulé.
Jour après jour : ainsi la vie entière
S'écoule et passe avec rapidité. (Le soleil, etc.)

A chaque instant l'éternité s'avance ;
Travaillons-nous à nous y préparer ?
De nos péchés faisons-nous pénitence ?
De la vertu suivons-nous le sentier ? (Le soleil, etc.)

Si, cette nuit, le souverain Arbitre
Nous appelait devant son tribunal,
A sa clémence avons-nous quelque titre ?
Que lui répondre à cet instant fatal ? (Le soleil, etc.)

Du moins, touchés d'un repentir sincère,
Pleurons, chrétiens, les fautes de ce jour ;
Du Dieu vengeur désarmons la colère :
Un cœur contrit regagne son amour. (Le soleil, etc.)

Deuxième Dimanche.

LE BON PASTEUR.

Paroles tirées d'un cantique allemand; musique de Rhigini.
— Cantiques de la P. S.-Etienne-du-Mont, p. 12.

Ah ! voyez dans la prairie
Paître d'innocents troupeaux.
Que l'herbe est fraîche et fleurie
Sous les pieds de ces agneaux !   (*bis.*)

Vers la brebis égarée
Voyez le berger courir.
Retrouver l'infortunée
Est son unique désir.   (*bis.*)

Puis, joyeux, il la ramène
A travers les prés, les bois,
Voulant qu'ainsi l'on apprenne
A toujours suivre ses lois.   (*bis.*)

Seigneur, dans vos pâturages
Daignez diriger mes pas ;
Dans la paix, dans les orages,
Ah ! ne m'abandonnez pas.   (*bis.*)

NOTRE PÈRE.

Paroles tirées d'un cantique allemand; musique de Nageli.—
Cantiques de la P. St-Étienne-du-Mont, p. 23.

Du haut du ciel, ô notre Père !
Daignez entendre la prière
    De vos enfants
      Reconnaissants.

Ah ! que chacun vous obéisse,
Et qu'en tout lieu l'on vous bénisse
   Du fond du cœur,
   O Créateur !

Seigneur, que votre règne arrive,
O vous, de qui tout bien dérive,
   Dieu de bonté,
   De vérité !

Que votre pardon récompense
Celui qui, pardonnant l'offense,
   Sait oublier,
   Vous imiter.

Rendez notre sueur féconde,
A vos enfants, ô Dieu du monde !
   Donnez le pain
   Quotidien.

Ah ! protégez notre faiblesse
Contre le péché qui l'oppresse ;
   Puis, près de vous,
   Appelez-nous.

Troisième Dimanche.

CONFIANCE EN N.-S. JÉSUS-CHRIST.

Paroles tirées d'un cantique allemand ; musique de Jakob. — Cantiques de la P. S.-Étienne-du-Mont, p. 1.

   Bien loin de la terre,
   Jésus notre Père
   Siége radieux.
   Pour prix de son zèle,
   Le chrétien fidèle
Va le retrouver aux cieux.

O Dieu ! quand je prie,
Ma voix qui supplie
Monte jusqu'à toi :
Quand je te confesse
Quelle est ma faiblesse,
Ta bonté descend vers moi.

D'un jour sans nuage
Je vois le présage :
Dieu, dans ta faveur,
De ta gloire immense,
J'en ai l'assurance,
Tu m'ouvriras les splendeurs.

L'ESPÉRANCE DU CHRÉTIEN.

Paroles tirées d'un cantique allemand; musique de Braün.
— Cantiques de la P. St-Etienne-du-Mont, p. 38.

Bienheureuse est la mort sainte,
Elle conduit au repos,
Et le chrétien voit sans crainte
La fin de tous ses travaux.
Dieu seul est son espérance :
A ses lois il fut soumis.
Il a pleine confiance
Aux mérites de son Fils.

O Sion, cité divine !
Qui peut dire ta splendeur,
Séjour, où l'ange s'incline
Devant le Dieu créateur ;
Où, pleins d'une douce ivresse,
Tous les esprits bienheureux
Vont adorer la sagesse
Du Dieu qui créa les cieux ?

Ah ! soyons toujours fidèles
Aux préceptes du Seigneur.
Jésus, quand tu nous appelles
A goûter le vrai bonheur,
Renonçant aux choses vaines,
Et songeant à meilleur sort,
Nous t'offrons plaisirs et peines,
Notre vie et notre mort !

Quatrième Dimanche.

LA VÉRITÉ.

Paroles tirées d'un cantique allemand ; musique de Braün.
— Cantiques de la P. St.-Etienne-du-Mont, p. 12.

Honneur à la vérité,
C'est le pain même de l'âme :
Sa céleste majesté
Grandit le cœur et l'enflamme.
Chrétien, sans craindre le blâme,
Sois fidèle à sa beauté.

Jamais ne laisse en ton cœur
Entrer l'astuce et la ruse,
Car, sous leur poison vainqueur,
Bientôt la probité s'use ;
Et la fourbe, qui t'amuse,
Bientôt détruit ton bonheur.

Vérité, brillant flambeau,
Du cœur couronne royale,
O des sceptres les plus beaux !
Oui, ta beauté sans égale
A tous les regards étale
Un éclat toujours nouveau.

Vérité, sois mon rempart ;
Au serment rends-moi fidèle ;
Fais-moi marcher, sans retard,
Partout où l'honneur m'appelle,
Vérité toujours plus belle,
Plus tu frappes mon regard !

Guide-moi vers le bonheur,
Loi d'amour et de sagesse.
A toi je livre mon cœur.....
Viens soutenir ma faiblesse ;
Fais-moi chérir la tendresse
De mon immortel auteur.

LA PRÉSENCE RÉELLE.

Paroles tirées d'un cantique allemand ; musique de Breidenstein. — Cantiques de la P. S.-Etienne-du Mont, p. 45.

Seigneur, rien ne surpasse
Le trésor de la foi.
Qui croit à votre grâce
De l'univers est roi.
Sous les humbles espèces
Il reconnaît son Dieu,
Et Dieu de ses tendresses
Remplit son cœur pieux.

Comme au sein de Marie
Jésus s'est incarné,
Il croit que sous l'hostie
Le Seigneur est caché.
Il croit à ce mystère
Du tendre et doux Sauveur,
Docile à la prière
Dont lui-même est l'auteur.

Il croit à la puissance
De ce Dieu bienfaisant,
Par qui le monde immense
Fut tiré du néant.
Il croit à la tendresse
Du Sauveur des humains.
Il croit à la sagesse
De l'Esprit trois fois saint.

O présence adorable
Du Dieu qui nous créa !
De ce Dieu secourable
Qui pour nous s'immola !
Auguste sacrifice
Du plus grand des amours,
Que chacun te bénisse
Jusqu'au dernier des jours !

Cinquième Dimanche.

LA SAINTE ESPÉRANCE.

Paroles tirées d'un cantique allemand; musique de Breidenstein. — Cantiques de la P. S.-Etienne-du-Mont, p. 49.

Aux douceurs de l'espérance
Abandonnons nos cœurs.
Après les jours de souffrance
Viendra le jour de bonheur.
Dieu sera le partage
De la vertu, du noble et vrai courage.

Ah ! pour la gloire éternelle
Qui donc ne combattrait ?
Chrétien, quand ton Dieu t'appelle,
Eh ! qui donc t'arrêterait !
Dieu t'a montré qu'il t'aime
Sois-lui soumis jusqu'à l'instant suprême.

Vois, pour enflammer ton zèle,
  Le bonheur qui t'attend :
Dieu, la beauté sans pareille,
  A tes regards est présent.
    Pour toi plus de mystère
Dans ce séjour de paix et de lumière.

Bravons les coups et la rage
  De l'enfer irrité.
Dieu nous garde en héritage,
Dans l'heureuse éternité,
    La présence ineffable
De l'Esprit saint, du Sauveur adorable !

ACTIONS DE GRACES.

Paroles tirées d'un cantique allemand ; choral allemand par Breidenstein. — Cantiques de la P. S.-Etienne-du-Mont, p. 29.

Au Tout-Puissant louange, honneur,
  Gloire au souverain Maître !
Car son amour consolateur
  En nos cœurs fait renaître
L'espoir du bienheureux retour
Au ciel, à l'éternel séjour.
  Gloire à Dieu notre Père !

Chantez-le donc, ô Séraphins !
  Célébrez sa puissance.
Vous, Chérubins, et vous, humains,
  Chantez la bienfaisance
 Du Dieu qui, créant l'univers,
Pourvut à vos besoins divers.
  Chantons la Providence.

A vous, Seigneur, j'ai consacré
  Mon âme tout entière.

Oui, votre nom sera chanté
En tout lieu sur la terre.
Oui, partout l'on vous bénira,
Partout la foi triomphera.
Gloire à Dieu notre Père !

ASCENSION.

TRIOMPHE DE N.-S. JÉSUS-CHRIST.

Paroles de *** ; musique de ***. — Cantiques de la P. Saint-Jacques-du-Haut-Pas, n° 10.

Quel spectacle s'offre à ma vue !
Un Dieu s'élève dans les airs ;
Des anges entourent la nue
Qui le dérobe à l'univers.
Tout s'empresse sur son passage ;
Il trace un rayon lumineux :
Porté sur un léger nuage,
Il monte aujourd'hui vers les cieux.

Il va jouir de sa victoire
Et du fruit de ses longs combats ;
Assis sur un trône de gloire,
Il m'invite à suivre ses pas.
Le ciel sera mon héritage,
Je partagerai son bonheur ;
Et son triomphe est l'heureux gage
De ma gloire et de ma grandeur.

Mais, avant de quitter la terre
Et d'entrer au ciel en vainqueur,
Il a parcouru la carrière
Et le sentier de la douleur.
C'est par la croix que la couronne
Brille sur son front radieux :

Ce n'est qu'à ce prix qu'on la donne,
Et qu'on triomphe dans les cieux.

Oui, la croix est l'unique route
Qui mène à l'éternel bonheur;
Ainsi je veux, quoi qu'il m'en coûte,
Suivre les traces du Sauveur.
Seigneur, soutenez mon courage,
Guidez, affermissez mes pas;
Régnez dans mon cœur sans partage :
Qu'il n'aime que vous ici-bas.

Du crime la route est riante,
Ses sentiers sont semés de fleurs;
Mais cette amorce séduisante
Cache d'éternelles horreurs.
Vers l'enfer ces vaines images
Ont guidé mes pas trop longtemps,
La grâce a percé ces nuages ;
Je pleure mes égarements.

L'éclat des honneurs périssables
N'a plus aucun charme à mes yeux :
J'aspire aux biens inaltérables
Que Dieu nous offre dans les cieux.
Seigneur, soutenez mon courage,
Guidez, affermissez mes pas;
Régnez dans mon cœur sans partage :
Qu'il n'aime que vous ici-bas.

LE CIEL.

Paroles de M. de Sambucy; musique de Lefébure. — Cantiques de la P. S.-Jacques-du-Haut-Pas, n° 11.

O ciel si beau ! magnifique demeure,
Des plaisirs purs délicieux séjour ;

Combien de fois mes vœux avancent l'heure
Qui doit m'unir au Dieu de mon amour !

 Esprit de flamme,
 O Dieu d'amour !
 Ravis mon âme
 Au céleste séjour.

Cité des Saints, ô palais plein de charmes !
Où le Seigneur lui-même, de ses mains,
Daigne essuyer des yeux toutes les larmes,
Et rendre heureux à jamais tous les saints.

 Esprit de flamme, etc.

Dans ce séjour, d'un torrent de délices
L'amour divin inonde tous les cœurs,
Les Saints, pour prix de quelques sacrifices,
Y sont comblés d'éternelles faveurs.

 Esprit de flamme, etc.

Divins parvis, régions éternelles,
Mon cœur vers vous élève ses soupirs.
Anges du ciel, portez-moi sur vos ailes ;
Servez mes vœux et comblez mes plaisirs.

 Esprit de flamme, etc.

Oh ! quand luira cette aurore éternelle ?
Quand viendrez-vous, Dieu, combler mes désirs ?
Ah ! montrez-moi votre gloire immortelle,
Enivrez-moi de vos chastes plaisirs.

 Esprit de flamme, etc.

Déjà nos sens tressaillent d'espérance,
Déjà je crois entrevoir le trépas :
Alors, mon Dieu sera la récompense,
Et l'heureux prix, après tous les combats.

 Esprit de flamme, etc.

O douce mort qui dois finir mes peines !
Quand viendras-tu me mettre en liberté ?
Quand donc pourrai-je, affranchi de mes chaînes,
Guider mes pas vers l'immortalité !

 Esprit de flamme, etc.

Ah ! pour vous voir permettez que je meure :
C'est trop, mon Dieu, c'est trop longtemps souffrir !
Je ne vis plus, je languis à toute heure,
Et je me meurs de ne pouvoir mourir.

 Esprit de flamme, etc.

RÈGNE DE N.-S. JÉSUS-CHRIST.

Paroles de ***; musique de ***. — Cantiques de la P. S.-Jacques-du-Haut-Pas, n° 12.

O jour ! dont le bonheur remplit notre espérance;
Jésus d'entre les morts était ressuscité...
Encor teint de son sang, par sa propre puissance,
Il s'élève au séjour de son éternité !

Nous tous pouvons cueillir les fruits de sa victoire,
Si nous suivons les pas de ce chef glorieux :
Mais, pour être avec lui rassemblés dans la gloire,
Il faut qu'un même esprit nous anime en ces lieux.

Il quitte ses enfants et leur rend sa présence ;
Sur son mystique corps il verse son esprit,
Il veille à nos besoins ; et, malgré son absence,
Sa main guide nos pas, et sa voix nous instruit.

Il règne dans les cieux, où sa bonté propice
Prépare à ses enfants un glorieux séjour :
Que sa grâce ici-bas avec lui les unisse
Par les tendres liens de son divin amour.]

Exempts alors des soins qu'entraîne cette vie,
Il aime à les placer au faîte des grandeurs ;
Et fait goûter, sans trouble, à leur âme ravie,
D'un repos éternel les célestes douceurs.

Les Saints trouvent en lui la riche récompense
Qu'il destina pour prix à leur fidélité ;
Pour des maux d'un moment, quelle heureuse abon-
Qui n'aura d'autre fin que son éternité!   [dance

Mêlés dans son empire avec les chœurs des anges,
Nous y contemplerons sa suprême splendeur,
Et sans cesse occupés à chanter ses louanges,
Il triomphera seul au fond de notre cœur.

O toi, qui du salut nous ouvre la carrière,
Dieu puissant! soutiens-nous contre nos ennemis ;
Fais descendre en nos cœurs, sous des traits de lu-
L'esprit consolateur que tu nous as promis. [mière,

ACTIONS DE GRACES.

Paroles de ***; musique de Lefébure. — Cantiques de la P. S.-Jacques-du-Haut-Pas, n° 13.

Bénissons à jamais
Le Seigneur dans ses bienfaits ;

Bénissez-le, saints Anges,
Louez sa majesté ;
Rendez à sa bonté
Mille et mille louanges.   (Bénissons, etc.)

Oh! que c'est un bon Père!
Qu'il a grand soin de nous!
Il nous supporte tous,
Malgré notre misère.   (Bénissons, etc.)

Comme un pasteur fidèle,
Sans craindre le travail,
Il ramène au bercail
Une brebis rebelle.   (Bénissons, etc.)

Il a brisé ma chaîne,
Comme un puissant vainqueur ;
Et comme un doux Sauveur,
Il m'a mis hors de peine.   (Bénissons, etc.)

Il a guéri mon âme,
Comme un bon médecin ;
Comme un maître divin,
Il m'éclaire et m'enflamme.   (Bénissons, etc.)

Il me comble à toute heure
De grâce et de faveur ;
Dans le fond de mon cœur
Il a pris sa demeure.   (Bénissons, etc.)

Que tout loue en ma place
Un Dieu si plein d'amour,
Qui me fait chaque jour
Une nouvelle grâce.   (Bénissons, etc.)

Dieu seul est ma tendresse,
Dieu seul est mon soutien,
Dieu seul est tout mon bien,
Ma vie et ma richesse.   (Bénissons, etc.)

PENTECOTE.

LES SEPT DONS DU SAINT-ESPRIT.

Paroles de *** ; musique de ***. — Cantiques de la P. Saint-Jacques-du-Haut-Pas, n° 14.

La Sagesse.
Du bonheur on parle sans cesse ;

Mais où se trouvent les heureux?
Les hommes prêchent la sagesse;
Mais la sagesse fuit loin d'eux.
Sûr du bonheur quand on est sage,
Je veux aussi le devenir :
Avoir la sagesse en partage,
C'est aimer Dieu, c'est le servir.

La Science.

Connaître Dieu, se bien connaître,
Voilà tout ce qu'il faut savoir;
De ses penchants on devient maître,
On est esclave du devoir.
Ayons tous cette connaissance;
Elle est pour nous le plus grand bien;
Quand on n'a pas cette science,
En sachant tout, on ne sait rien.

L'Intelligence.

Don précieux d'intelligence,
Accompagnez toujours ma foi :
Je n'ai besoin d'autre science
Que de bien comprendre la loi.
Cette loi, si pure et si sainte,
Mille fois heureux qui la suit!
O loi! que dans mon cœur empreinte,
Je te médite jour et nuit!

Le Conseil.

Esprit saint, j'ignore la route
Qu'il faut suivre pour me sauver :
Souvent je balance et je doute,
Je marche et ne puis arriver.
Sans cesse l'ennemi m'assiége;
La crainte agite mon sommeil;

De tous côtés ce n'est que piége
Esprit saint, soyez mon conseil !

La Piété.

O piété quels sont tes charmes !
Tu remplis seule nos désirs;
Par toi nous sont douces les larmes,
Et nos devoirs font nos plaisirs.
C'est par ton pouvoir ineffable
Que la vertu nous sait charmer ;
Puisque tu nous rends tout aimable,
Comment peut-on ne pas t'aimer ?

La Force.

Divin Esprit, Esprit de force,
Je ne veux d'autre appui que toi.
Qu'il règne un éternel divorce
Entre tes ennemis et moi.
Des monstres cherchent à m'abattre :
Je veux par toi les étouffer ;
Le monde vient pour me combattre;
Par toi je veux en triompher.

La Crainte.

Seigneur, votre volonté sainte
Est souvent pour nous sans appas;
Juste, vous inspirez la crainte,
Et souvent on ne vous craint pas.
On craint le monde, on est à plaindre :
Que peut-il pour ou contre nous?
Grand Dieu! que j'apprenne à vous craindre,
A ne craindre même que vous.

INVOCATION AU SAINT-ESPRIT.

Paroles de ***; musique de Neukomm. — Cantiques de Neukomm, p. 40.

Esprit saint, Dieu de lumière,
O vous que nous invoquons !
Venez des cieux sur la terre,
Comblez-nous de tous vos dons.

Accordez-nous cette sagesse
Qui ne cherche que le Seigneur ;
Que notre étude soit sans cesse
De lui soumettre notre cœur. (Esprit saint, etc.)

Donnez-nous cette intelligence,
Ce don qui fait connaître au cœur
De la foi toute l'excellence,
Et du crime toute l'horreur. (Esprit saint, etc.)

Enseignez-nous cette science,
L'art divin qui fait les vertus ;
Répandez sur nous l'abondance
Du don qui forme les élus. (Esprit saint, etc.)

Qu'une piété vive et pure
Nous anime et brûle toujours ;
Qu'à son feu notre âme s'épure
Et pour vous s'embrase d'amour. (Esprit saint.)

Inspirez-nous de Dieu la crainte
De ses terribles jugements ;
Que sa justice, sa loi sainte,
Pénètre et nos cœurs et nos sens. (Esprit saint.)

SAINTE TRINITÉ.

HYMNE A LA SAINTE TRINITÉ.

Paroles de J. Racine ; musique de ***. — Cantiques de la P. S.-Jacques-du-Haut-Pas, n° 14.

Source ineffable de lumière,
Verbe en qui l'Éternel contemple sa beauté,
Astre, dont le soleil n'est que l'ombre grossière,
Jour sacré, dont le jour emprunte sa clarté ;

Gloire à toi, Trinité profonde,
Père, Fils, Saint-Esprit ! qu'on t'adore toujours,
Tant que l'astre des temps éclairera le monde,
Et quand les siècles même auront fini leur cours.

Lève-toi, Soleil adorable,
Qui de l'éternité ne fais qu'un heureux jour ;
Fais briller à nos yeux ta clarté secourable,
Et répands dans nos cœurs le feu de ton amour.

Gloire à toi, etc.

Prions aussi l'auguste Père,
Le Père dont la gloire a devancé les temps,
Le Père Tout-Puissant en qui le monde espère,
Qu'il soutienne d'en haut ses fragiles enfants !

Gloire à toi, etc.

Guide notre âme dans sa route,
Esprit saint, instruis-nous de ta divine loi ;
Remplis-nous d'un espoir que n'ébranle aucun doute,
Et que jamais l'erreur n'altère notre foi.

Gloire à toi, etc.

Jésus, sois notre pain céleste ;
Que l'eau d'une foi vive abreuve notre cœur ;

Ivres de ton esprit, méprisant tout le reste,
Daigne à tes combattants inspirer ta vigueur.

  Gloire à toi, etc.

  Que la pudeur, chaste et vermeille,
Imite sur leur front la rougeur du matin ;
Aux clartés du Midi que leur foi soit pareille ;
Que leur persévérance ignore le déclin.

  Gloire à toi, etc.

  L'aurore luit sur l'hémisphère :
Que Jésus dans nos cœurs daigne luire aujourd'hui !
Jésus, qui tout entier est dans son divin Père
Comme son divin Père est tout entier en lui.

  Gloire à toi, etc.

ADORATION DE LA SAINTE TRINITÉ.

Paroles de *** ; musique de ***. — Cantiques de la P. S.-Jacques-du-Haut-Pas, n° 15.

  O toi qu'un voile épais nous cache,
  Indivisible Trinité !
  Lumière éternelle et sans tache,
  Nous adorons ta majesté.

  En Dieu, seul saint, seul adorable,
  Oh ! que de gloire et de grandeur !
  Oh ! quel abîme impénétrable
  Et de richesse et de splendeur !

  Confondez-vous, raison humaine ;
  Sur cet objet fermez les yeux :
  La beauté de Dieu souveraine
  Ne peut se voir que dans les cieux.

  Le Père, admirant sa sagesse,

Engendre un Fils qui le chérit :
De leur mutuelle tendresse
L'Esprit saint est l'auguste fruit.

Chrétiens soumis, rendons hommage
A la divine Trinité :
Son nom saint est pour nous le gage
De l'heureuse immortalité.

FÊTE-DIEU.

Premier Dimanche.

ZÈLE POUR LA MAISON DE DIEU.

Paroles de M. de La Tour ; musique du R. P. Lambillote. — Cantiques de la P. S.-Jacques-du-Haut-Pas, n° 16.

Allons parer le sanctuaire ;
Ornons à l'envi nos autels ;
Jésus, du sein de la lumière,
Descend au milieu des mortels :
  Plus il s'abaisse,
  Plus sa tendresse
Mérite un généreux retour.
  A nos louanges,
  O chœurs des anges !
Mêlez vos cantiques d'amour.

Baignons de pleurs l'auguste table
Où son sang coule encor pour nous.
Au pied de ce Calvaire aimable,
Enfants de Dieu, prosternez-vous.
  De la justice,
  Ce sacrifice
Arrête le bras irrité ;
  Et, sur le juste,

Sa voix auguste
Du ciel appelle la bonté.

Accourons tous à l'arche sainte ;
Riches, ornez-la de présents :
Nous, saisis d'amour et de crainte,
Portons-y des cœurs innocents.
L'or, la poussière,
Dieu de lumière,
Devant toi sont d'un même prix :
Un cœur qui t'aime,
Beauté suprême,
Voilà les dons que tu chéris.

ADORATION DE N.-S. JÉSUS-CHRIST.

Paroles de M. de La Tour ; musique de Monpou. — Cantiques de la P. S.-Thomas-d'Aquin, p. 9.

Quoi ! dans les temples de la terre
Le Dieu du ciel daigne habiter ;
Le puissant maître du tonnerre
Sur nos autels veut résider !

Du haut de la voûte azurée
Un Dieu descend dans ces augustes lieux ;
Relève ta tête sacrée,
Religion, noble fille des cieux !

Quel respect sa sainte présence
Doit inspirer à nos esprits !
Et de quel amour sa clémence
Doit remplir nos cœurs attendris ! (Du haut, etc.)

Dans ton sein, sacré tabernacle,
J'aperçois, plus qu'en aucun lieu,
Éclater l'étonnant miracle
De la tendresse de mon Dieu. (Du haut, etc.)

Pour garder mon âme fragile
Des traits d'un monde séducteur,
Près de toi je prends mon asile,
Aux pieds de Jésus mon Sauveur,   (Du haut, etc.)

Vers ce refuge salutaire,
Porté sur l'aile de l'amour,
Comme la colombe légère,
Je prendrai mon vol chaque jour.   (Du haut, etc.)

Caché dans cette solitude,
Je ferai la cour à mon Roi ;
Nul autre soin, nulle autre étude
N'auront autant d'attraits pour moi.   (Du haut, etc.)

Tel qu'un enfant près de son père,
Je m'épancherai dans son sein ;
Je découvrirai ma misère
A ce tout-puissant médecin.   (Du haut, etc.)

Puisse, jusqu'à ma dernière heure,
Durer ce saint ravissement !
Puissé-je, dans cette demeure,
Attendre mon dernier moment !   (Du haut, etc.)

FÊTE-DIEU.

Second Dimanche.

PROCESSION DU SAINT-SACREMENT.

Paroles de M. Sambucy ; musique de Labat de Sérène. — Cantiques de la P. S.-Thomas-d'Aquin, p. 159.

Aux chants de la victoire
Mêlons des chants d'amour,
En ce jour ;
Dieu descend de sa gloire

En cet heureux séjour.
Terre, frémis de crainte ;
Voici le Dieu jaloux
    Près de nous :
Sous sa majesté sainte,
O cieux, abaissez-vous.

Qu'un nuage obscurcisse
L'éclat de ce grand Roi,
    Devant moi :
Le Soleil de justice
Luit toujours à ma foi.
Perçant les voiles sombres
Qui dérobent ses feux
    A mes yeux,
J'aperçois sous ses ombres
Le Monarque des cieux.

Ce doux vainqueur s'avance ;
Offrez, tendres enfants,
    Vos présents ;
Offrez de l'innocence
Et les vœux et l'encens.
Partout, sur son passage,
S'il voit voler vos fleurs
    Et vos cœurs,
Il paîra votre hommage
Des plus riches faveurs.

Va, mondain trop volage,
Va t'égarer encor
    Loin du port :
Dans un triste naufrage
Tu trouveras la mort.
Mais vous qui sous ses ailes
Jouissez des bienfaits
    De la paix,

Que vos cœurs soient fidèles,
Et l'aiment à jamais.

ACTIONS DE GRACES.

Paroles de M. Sambucy; musique de Monpou. — Cantiques de la P. S.-Thomas-d'Aquin, p. 14.

Aux chants de la reconnaissance,
Peuples, unissez vos accords;
Dans le temple de l'innocence
Faites éclater vos transports.

Sion, conserve la mémoire
Des bienfaits du Dieu de mon cœur;
Le servir est toute ma gloire,   (*bis*.)
Et l'aimer fera mon bonheur.

Quoi! pour Dieu serais-je insensible?
Quel autre objet peut me charmer?
Non, lui-même à mon cœur sensible
Apprit l'art si doux de l'aimer.   (Sion, etc.)

De vos bienfaits, ô père tendre!
Quel sera le juste retour?
Je veux enfin, je veux vous rendre
Désormais amour pour amour.   (Sion, etc.)

Formez des concerts d'allégresse;
Livrez-vous aux plus doux transports,
Peuples, tribus : que tout s'empresse
D'unir sa voix à nos accords.   (Sion, etc.)

Jeunes élus, chantez sa gloire;
Et qu'un monument éternel
Consacre, en vos cœurs, la mémoire
D'un jour si beau, si solennel.   (Sion, etc.)

Encouragés par notre exemple
Et par nos célestes transports,
Faites tous retentir le temple
Des plus harmonieux accords. (Sion, etc.)

SAINT PIERRE ET SAINT PAUL.

PLAINTES ET ESPÉRANCES DE L'ÉGLISE.

Paroles de M. Letourneur; musique de Monpou. — Cantiques de la P. S.-Thomas-d'Aquin, p. 252.

Permettras-tu que ton culte périsse?
O Dieu sauveur! ô fils de l'Éternel!
Quoi! désormais l'auguste sacrifice
N'aura donc plus de temple ni d'autel?

L'Église en deuil, plaintive, désolée,
Ne cesse, hélas! d'implorer son époux :
Par les méchants d'insultes accablée,
Doit-elle enfin succomber sous leurs coups?

Des loups cruels, ô Dieu! confonds la rage;
Défends, Seigneur, tes fidèles brebis :
De ton troupeau, de ton faible héritage,
Epargne au moins les malheureux débris.

Mais c'en est fait, je vois fuir la tempête;
Je vois briller l'aurore d'un beau jour.
Sainte Sion, pour toi quel jour de fête!
De tes enfants célèbre le retour.

Sèche tes pleurs, mets un terme à ta plainte;
Non, non, tes murs ne seront point déserts :
Déjà la foule inonde ton enceinte,
Sous tes parvis j'entends mille concerts.

O culte saint! l'enfer en vain conspire

Pour diviser ce que tu réunis ;
Du Dieu de paix tu rétablis l'empire,
La foi triomphe, il n'est plus d'ennemis.

DURÉE IMMORTELLE DE L'ÉGLISE.

Paroles de *** ; musique de ***. — Cantiques de la P. S. Jacques-du-Paut-Pas, n° 17.

Elle triomphera, cette Eglise immortelle ;
Dieu saura dissiper de perfides complots ;
Des méchants conjurés la ligue criminelle,
De leur rage, à ses pieds, verra briser les flots.

Arbre faible en naissant et battu par l'orage,
Elle étend aujourd'hui sur cent peuples divers
De ses rameaux sacrés le salutaire ombrage,
Et sa gloire finit où finit l'univers.

Elle voit de l'enfer les fureurs déchaînées
De son tronc vénérable affermir la vigueur ;
Tandis que, sans honneur, languissent desséchées
Les branches qu'infecta le poison de l'erreur.

Mais le Dieu qui toujours assure la victoire,
Toujours l'éprouve aussi par d'amères douleurs.
Ah! puisque nos efforts ne font rien pour sa gloire,
A ses larmes du moins nous mêlerons nos pleurs.

VISITATION DE LA SAINTE VIERGE.

PRIÈRE A MARIE.

Paroles tirées d'un cantique allemand ; musique de Breidenstein. — Cant. de la P. S.-Etienne-du-Mont, p. 40.

Reine des cieux, ô notre Mère !

Sur nous jetez les yeux ;
Vous êtes l'appui tutélaire   (*bis.*)
De tous les malheureux.

Divine fleur, charmez nos âmes
De vos parfums si doux ;
Embrasez-nous de vives flammes   (*bis.*)
Pour le céleste Epoux.

Astre des mers, brillez sans cesse
Dans les cieux assombris ;
Source d'amour et de tendresse,   (*bis.*)
Touchez les cœurs flétris.

Ah ! que nos chants célèbrent
L'étoile du matin,
Qui vient dissiper les ténèbres   (*bis.*)
Par un éclat divin.

HOMMAGES A MARIE.

Paroles de *** ; musique de Neukomm. — Cantiques de Neukomm, p. 90.

Adressons notre hommage
A la Reine des cieux :
Elle aime de notre âge
La candeur et les vœux ;
Du beau nom de Marie
Faisons tout retentir ;
Qu'elle-même attendrie
Daigne nous applaudir.

Tout ici parle d'elle ;
Son nom règne en tous lieux.
Nous croissons sous son aile,
Nous vivons sous ses yeux.
Cet autel est le trône

D'où tombent ses faveurs ;
Son divin Fils lui donne
Tous ses droits sur nos cœurs.

Pour nous, qu'elle rassemble
Au pied de son autel,
Jurons-lui tous ensemble
Un amour éternel.
Marie est notre Mère,
Nous sommes ses enfants ;
Consacrons à lui plaire
Nos jours les plus brillants.

O Vierge sainte et pure !
Notre cœur en ce jour
Vous promet et vous jure
Un éternel amour.
Nous voulons avec zèle
Imiter vos vertus :
Vous êtes le modèle
Que nous donne Jésus.

Protégez-nous sans cesse
Dès nos plus tendres ans ;
Gardez notre jeunesse.
Veillez sur vos enfants ;
Et, si pendant l'orage
Il faut braver la mort,
Sauvez-nous du naufrage,
Conduisez-nous au port.

SACRÉ CŒUR DE JÉSUS.

AMOUR DE N.-S. JÉSUS-CHRIST.

Paroles de *** ; musique de Neukomm. — Cantiques de Neukomm, p. 60.

Cœur de Jésus, cœur à jamais aimable,

Cœur digne d'être à jamais adoré,
Ouvre à mon cœur un accès favorable,
Bénis ce chant que je t'ai consacré.

Cœur de Jésus, des cœurs le plus aimable,
Je veux toujours t'aimer et te bénir.
Cœur de Jésus, seul trésor désirable,
Oui, pour toi seul je veux vivre et mourir.

Aide ma voix à louer ta puissance,
Ta vive ardeur, tes charmes, tes attraits,
Tes saints soupirs, tes transports, ta clémence,
Ton tendre amour, l'excès de tes bienfaits.
    Cœur, etc.

O divin cœur, ô source intarissable
De tout vrai bien, de douceur, de bonté,
Tu réunis dans ton centre admirable
Tous les trésors de la Divinité.
    Cœur, etc.

Jésus naissant déjà fait ses délices
De se livrer et de souffrir pour nous;
Déjà son cœur nous donne les prémices
Des flots de sang qu'il vient verser sur nous.
    Cœur, etc.

Ce cœur, toujours sensible à nos disgrâces,
Sur nos besoins s'ouvrit de jour en jour,
Et du Sauveur marqua toutes les traces
Par tous les traits d'un généreux amour.
    Cœur, etc.

Jardin sacré, ô vous, montagne sainte !
Tristes témoins de sa vive douleur,
Apprenez-nous dans quel excès de crainte,
Dans quels ennuis était plongé son cœur.
    Cœur, etc.

Si sur la croix Jésus daigne s'étendre,
L'amour l'y fixe ; et s'il daigne y mourir,
Oui, c'est son cœur, ce cœur pour nous si tendre,
Qui nous fait don de son dernier soupir.
    Cœur, etc.

Mais c'est encor trop peu pour sa tendresse :
Ce même cœur fixé sur nos autels,
Se reproduit, se ranime sans cesse,
Pour s'y prêter au bonheur des mortels.
    Cœur, etc.

C'est là toujours que placé sur un trône
D'amour, de paix, de grâce et de douceur,
Pour nous il s'offre, il s'immole, il se donne,
Pour tout retour exigeant notre cœur.
    Cœur, etc.

Cœurs innocents, et vous âmes ferventes,
Reconnaissez et sa gloire et ses dons ;
Rendez pour lui vos flammes plus ardentes,
Vos vœux plus purs, vos respects plus profonds.
    Cœur, etc.

Cœur de Jésus, sois à jamais ma gloire ;
Sois mon amour, mes charmes, ma douceur ;
Sois mon soutien, ma force, ma victoire,
Mon seul objet, ma vie et mon bonheur.
    Cœur, etc.

AMENDE HONORABLE AU CŒUR DE N.-S. JÉSUS-CHRIST.

Paroles de *** ; musique de ***. — Cantiques de la P. S.-Jacques-du-Haut-Pas, n° 18.

    D'un Dieu plongé dans la tristesse,
      Mortel, écoute les accents :

8

Je t'aime, hélas ! et ma tendresse
S'exhale en soupirs impuissants :
Enfant ingrat, cœur inflexible,
Mais toujours si cher à mon cœur,
Seras-tu toujours insensible
A mon amour, à ma douleur ?

Non, non, consolez-vous, Seigneur ;
De votre cœur blessé la voix attendrissante,
Dans ces jours d'opprobre et d'horreur,
Après tant de combats, est enfin triomphante.

Triomphez donc, Cœur de Jésus !
Mon cœur est enchaîné, il est votre victoire !
Triomphez donc, Cœur de Jésus !
Vous serez à jamais mon amour et ma gloire.

Il nous invite, il nous appelle,
Nous captive par ses bienfaits ;
Ah ! qui de nous encor rebelle
Ferme le cœur à tant d'attraits ?
En vous, Cœur mille fois aimable,
Notre âme a trouvé le repos ;
Et le bonheur seul véritable
Dans vos charmes toujours nouveaux.

La paix, au sein de tous les maux,
Du cœur qui vous honore est l'heureux apanage,
Votre amour charme les travaux
Et les tristes ennuis d'un long pèlerinage.

Triomphez donc, etc.

Signe d'amour et d'espérance,
Auguste Cœur percé pour nous !
Enfants du ciel et de la France,
Nous nous rallions tous à vous.
Ah ! puissent nos faibles hommages

Faire oublier nos attentats ;
Puissions-nous, après tant d'outrages,
Mourir plutôt que d'être ingrats.

Oui, c'en est fait, jusqu'au trépas,
Cœur sacré, par l'encens d'un faible sacrifice,
Des cœurs qui ne vous aiment pas
Nous voulons réparer la coupable injustice.

Triomphez donc, etc.

ACTIONS DE GRACES.

Paroles de *** ; musique de Monpou. — Cantiques de la P.
S.-Thomas-d'Aquin, p. 48.

Cœur de Jésus, cœur embrasé d'amour,
De tes transports fais tressaillir mon âme :
Puisse mon cœur d'une si belle flamme
Se consumer et mourir en ce jour !

O divin cœur, source des vrais plaisirs,
Tant que mon sang coulera dans mes veines,
Ton pur amour embellira mes peines,
Et tes plaisirs charmeront mes loisirs.

Oui, sur mon front une couronne d'or
Me plairait moins que ta douce présence ;
Hôte divin, appui de l'innocence,
Où trouverais-je un plus riche trésor ?

Autour de toi, si les vertus en pleurs
Ont si longtemps invoqué ta clémence,
Quel plus beau jour pour la reconnaissance,
Quand ton amour unira tous les cœurs !

SAINT VINCENT DE PAUL.

ÉLOGE DE LA CHARITÉ.

Paroles de J. Racine ; musique de ***. — Cantiques de la
P. S.-Jacques-du-Haut-Pas, n° 19.

Les méchants m'ont vanté leurs mensonges frivoles ;
    Mais je n'aime que les paroles
    De l'éternelle vérité.
    Plein du feu divin qui m'inspire,
    Je consacre aujourd'hui ma lyre
    A la céleste charité.

En vain je parlerais le langage des anges ;
    En vain, mon Dieu, de tes louanges
    Je remplirais tout l'univers ;
    Sans amour, ma gloire n'égale
    Que la gloire de la cymbale
    Qui d'un vain bruit frappe les airs.

Que sert à mon esprit de percer les abîmes
    Des mystères les plus sublimes,
    Et de lire dans l'avenir ?
    Sans amour ma science est vaine,
    Comme le songe dont à peine
    Il reste un léger souvenir.

Que je vois de vertus qui brillent sur ta trace,
    Charité, fille de la grâce !
    Avec toi marche la douceur,
    Que suit, avec un air affable,
    La patience, inséparable
    De la paix, son aimable sœur.

L'amour sur tous les dons l'emporte avec justice ;
    De notre céleste édifice

La foi vive est le fondement ;
La sainte espérance l'élève,
L'ardente charité l'achève
Et l'assure éternellement.

Quand pourrai-je t'offrir, ô charité suprême,
Au sein de la lumière même,
Le cantique de mes soupirs ?
Et, toujours brûlant pour ta gloire,
Toujours puiser et toujours boire
Dans la source des vrais plaisirs !

EXHORTATION A LA CHARITÉ.

Paroles de *** ; musique de Monpou. — Cantiques de la
P. S.-Thomas-d'Aquin, p. 18.

Aimons le pauvre, adoucissons sa peine ;
Tout nous le dit, la nature et la foi.
De notre Dieu la bonté souveraine,
Tout nous en fait la consolante loi.

Nous sommes tous enfants du même Père,
Nous nous devons un secours mutuel ;
Fermer son cœur aux peines de son frère,
C'est se fermer à soi-même le ciel.

Ah ! que l'aumône aisément obtient grâce !
Qu'elle est puissante auprès du cœur de Dieu !
Par sa vertu l'iniquité s'efface,
Comme par l'eau s'éteint l'ardeur du feu.

Cœur bienfaisant, cœur vraiment charitable,
Qui soulagez vos frères malheureux,
Du Tout-Puissant les regards favorables
Toujours sur vous veillent du haut des cieux.

Oui, c'est en vous que le céleste Père

Voit ses enfants, ses fidèles portraits ;
De sa tendresse, image douce et chère,
Vous retracez ici-bas ses bienfaits.

L'orphelin trouve en vous un autre père,
Le pauvre y voit son soutien, son secours ;
L'infortuné que poursuit la misère,
Par vous encor voit luire d'heureux jours.

Le Fils de Dieu, notre juge suprême,
Pour vous aux cieux prépare tous ses biens;
Son cœur divin tient pour fait à lui-même.
Tout ce qu'on fait au plus petit des siens.

Quand il viendra enfin juger la terre,
Il vous dira d'un ton plein de douceur :
Venez, ô vous les bénis de mon Père,
Et pour jamais partagez mon bonheur.

SUSCEPTION DE LA SAINTE CROIX.

TRIOMPHE DE N.-S. JÉSUS-CHRIST.

Paroles de *** ; musique de Neukomm. — Cantiques de Neukomm, p. 32.

Célébrons la victoire
D'un Dieu mort sur la croix,
Et pour chanter sa gloire
Réunissons nos voix.
De son amour extrême
Cédons aux traits vainqueurs ;
Pour le Dieu qui nous aime
Réunissons nos cœurs.

Du vainqueur de l'enfer célébrons la victoire ;
Réunissons nos cœurs, réunissons nos voix ;

Chantons avec transport son triomphe et sa gloire ;
Chantons : Vive Jésus ! vive, vive sa croix !

    Sa croix, heureux symbole
    De son amour pour nous,
    Jadis du Capitole
    Chassa les dieux jaloux.
    Alors dans l'esclavage,
    L'homme à d'infâmes dieux
    Payait par son hommage
    Le droit d'être comme eux. (Du vainqueur.)

    Grand Dieu, seul adorable,
    Seul digne de nos chants,
    Seul de l'homme coupable
    Vous n'avez point d'encens :
    Mais que votre tonnerre
    Fasse entendre sa voix,
    Et force enfin la terre
    A respecter vos lois.   (Du vainqueur, etc.)

    Mais son cœur, qui s'oppose
    A ses foudres vengeurs,
    Par l'amour se propose
    De conquérir les cœurs ;
    Pour expier nos crimes
    Notre sang est trop peu ;
    Il faut d'autres victimes
    Pour désarmer un Dieu. (Du vainqueur, etc.)

    Son Fils, Verbe adorable,
    Doit tomber sous ses coups ;
    Son sang seul est capable
    De calmer son courroux :
    Pour ma grâce il soupire,
    Il l'exige en mourant,
    Sur la croix il expire,
    Et l'univers se rend.   (Du vainqueur, etc.)

Tel qu'après les orages
Le soleil radieux
Dissipe les nuages,
Rend leur éclat aux cieux,
Tel le Dieu que j'adore,
Trop longtemps ignoré,
Du couchant à l'aurore
Voit son nom adoré.   (Du vainqueur, etc.)

La croix, heureux asile
De l'univers soumis,
Brave l'orgueil stérile
De ses fiers ennemis ;
On s'empresse à lui rendre
Des hommages parfaits ;
Sa gloire va s'étendre
Autant que ses bienfaits. (Du vainqueur, etc.)

Quel éclat l'environne !
Elle voit à ses pieds
Le sceptre et la couronne
Des rois humiliés.
Rome cherche à lui plaire,
Tout suit ses étendards,
Et le Dieu du Calvaire
Est le Dieu des Césars.   (Du vainqueur, etc.)

Ce Dieu seul est aimable ;
Cédons à ses attraits ;
D'un amour immuable
Payons tous ses bienfaits ;
Que le ciel applaudisse
Aux chants de son amour,
Et que l'enfer frémisse
Du bonheur de ce jour ! (Du vainqueur, etc.)

TRIOMPHE DE L'ÉGLISE.

Paroles de *** ; musique de Neukomm. — Cantiques de
Neukomm, p. 44.

Pourquoi ces noirs complots? ô peuples de la terre!
      Pourquoi tant d'armements divers?
Vous vous réunissez pour déclarer la guerre
      A l'arbitre de l'univers.
      Tremblez, ennemis de sa gloire;
      Tremblez, audacieux mortels;
      Il tient en ses mains la victoire,
      Tombez au pied de ses autels.

      La religion vous rappelle,
      Sachez vaincre, sachez périr :
      Un chrétien doit vivre pour elle,
      Pour elle un chrétien doit mourir.

          CHOEUR.
      La religion nous rappelle
      Nous saurons ou vaincre ou périr :
      Un chrétien doit vivre pour elle,
      Pour elle un chrétien doit mourir.

Longtemps, ah! trop longtemps, plongé dans les té-
      Assis à l'ombre de la mort,   [nèbres,
L'univers gémissant sous ses voiles funèbres
      Soupirait pour un meilleur sort.
      Jésus paraît ; à sa lumière
      La nuit disparaît sans retour,
      Comme on voit une ombre légère
      S'enfuir devant l'astre du jour.   (La, etc.)

Pour soumettre à ses lois tous les peuples du monde,
      Il ne veut que douze pêcheurs,
Et, pour éterniser le royaume qu'il fonde,

Il en fait ses ambassadeurs.
Nouveaux guerriers, prenez la foudre ;
Allez conquérir l'univers ;
Frappez, brisez, mettez en poudre
L'idole d'un monde pervers. (La, etc.)

Déjà de ces hérauts, du couchant à l'aurore,
  La voix, plus prompte que l'éclair,
A foudroyé ces dieux que l'univers honore
  D'un culte enfanté par l'enfer.
  Ouvrant les yeux à la lumière,
  Rome détrompe les mortels,
  Et foule aux pieds dans la poussière
  Ses dieux, ses temples, ses autels. (La, etc.)

En vain, ô fiers tyrans ! votre main meurtrière
  Fait couler leur sang à grands flots ;
Ce sang devient fécond : de leur noble poussière
  S'élève un essaim de héros :
  Et courbant eux-mêmes leurs têtes,
  Seigneur, sous le joug de tes lois,
  Après trois siècles de tempêtes,
  Les princes adorent la croix. (La, etc.)

O cité des chrétiens ! toi dont la destinée
  Est de régner sur l'univers,
De ce joug si nouveau si tu fus étonnée,
  Tu t'enorgueillis de tes fers.
  La religion triomphante
  Sur le trône des Césars,
  Veut que les peuples qu'elle enfante
  Combattent sous ses étendards ! (La, etc.)

Église de Jésus, doux charme de ma vie,
  Et mon espoir dès le berceau ;
Sainte Religion, si jamais je t'oublie,
  Si tu ne me suis au tombeau,
  Que jamais ma langue glacée

Ne prête de sons à ma voix,
Et que ma droite desséchée
Me punisse et venge tes droits! (La, etc.)

ASSOMPTION DE LA SAINTE VIERGE.

HOMMAGES A MARIE.

Paroles de *** ; musique de Neukomm. — Cantiques de Neukomm, p. 87.

A la Reine des cieux offrons un tendre hommage,
Réunissons pour elle et nos voix et nos cœurs.
    A chanter ses grandeurs
  Consacrons la fleur de notre âge. (A la Reine.)

  Heureux celui qui, dès l'enfance,
    Lui fait de soi-même le don,
      Et met son innocence
    A l'abri de son nom! (A la Reine, etc.)

Aux yeux du Tout-Puissant elle fut toujours pure,
Chantons sur le péché son triomphe éclatant.
    Son cœur, même un instant,
  Ne reçut jamais de souillure. (Aux yeux, etc.)

  Plus sainte que les chœurs des anges,
    Des trônes et des Chérubins,
      Elle a droit aux louanges
    Des mortels et des saints. (Aux yeux, etc.)

Tout retrace à nos yeux l'éclat de sa puissance ;
Sans cesse qu'à sa gloire on dresse des autels.
    Sur elle les mortels
  Fondent leur solide espérance. (Tout, etc.)

  Auprès de Dieu, dans leurs disgrâces,
    Elle est le salut des humains,

    Et la source des grâces
    Vient à nous par ses mains.   (Tout, etc.)

Elle est et notre Reine et notre tendre mère ;
Vivons sous son empire, annonçons ses bienfaits.
    On n'est jamais trompé
    Lorsqu'en sa bonté l'on espère. (Elle est, etc.)

    Toujours sa tendresse facile
    Se rend sensible à nos malheurs ;
      Elle est toujours l'asile
      Et l'espoir des pécheurs.   (Elle est, etc.)

O Vierge toujours sainte ! ô mère toujours tendre !
Soyez, soyez propice aux vœux de vos enfants.
    Que sur nos jeunes ans
    Vos faveurs viennent se répandre ! (O Vierge.)

    De votre bonté salutaire
    Daignez nous prêter le secours ;
      Montrez-vous notre mère
      Maintenant et toujours.   (O Vierge, etc.)

LOUANGES A LA SAINTE VIERGE.

Paroles de *** ; musique de Lefébure. — Cantiques de la
P. S.-Jacques-du-Haut-Pas, n° 20.

  Triomphez, Reine des cieux,
A vous bénir que tout s'empresse,
  Triomphez, Reine des cieux,
Dans tous les temps, dans tous les lieux.
    Que l'amour nous prête,
    En ce jour de fête,
    Que l'amour nous prête
    Ses plus doux accords ;
    Et que notre voix s'apprête

A seconder nos efforts.   (Triomphez, etc.)

Célébrons en ce saint jour
Les vertus de l'humble Marie,
Célébrons en ce saint jour
Et ses bienfaits et son amour.
    Sans cesse enrichie,
    Jeunesse chérie,
    Sans cesse enrichie
    Des plus heureux dons,
C'est de la main de Marie,
Chrétiens, que nous les tenons. (Triomphez, etc.)

Qu'à jamais de ses faveurs
Nos chants rappellent la mémoire,
Qu'à jamais de ses faveurs
Le souvenir charme nos cœurs.
    Le ciel et la terre,
    Ravis de lui plaire,
    Le ciel et la terre
    Chantent ses bienfaits.
Vos enfants, ô tendre Mère,
Vous oublieraient-ils jamais! (Triomphez, etc.)

Achevez notre bonheur,
Retracez en nous votre image;
Achevez notre bonheur,
Et gravez en nous votre cœur.
    Guidez de l'enfance,
    Par votre puissance,
    Guidez de l'enfance
    Les pas chancelants:
Et que l'aimable innocence
Couronne nos derniers ans. (Triomphez, etc.)

DIMANCHE APRÈS L'ASSOMPTION.

GLOIRE DE MARIE.

Paroles tirées d'un cantique allemand; musique de Glaser. — Cantiques de la P. S.-Étienne-du-Mont, p. 44.

Notre mère a fui loin de nous ;
   D'amour consumée
   Son âme attristée,
O Jésus ! soupirait vers vous ;
Et voici qu'elle est rappelée
Dans le séjour du bonheur ;
Gloire à la mère du Sauveur !

Reine de paix et de bonté,
   Du fond de l'abîme,
   Ton trône sublime
Nous paraît brillant de clarté ;
Et ta gloire en nos cœurs imprime
L'espoir du jour bienheureux
Où pour nous s'ouvriront les cieux.

Gloire au Père, au fils adoré !
   Gloire à vous, Marie,
   O Vierge bénie !
Par qui Jésus nous fut donné.
Esprit saint ! ta gloire infinie
Sur nos âmes régnera,
Puis jusqu'au ciel nous guidera.

SALVE REGINA.

Paroles de *** ; musique de Neukomm. — Cantiques de Neukomm, p. 60.

Je vous salue, auguste et sainte Reine,
Dont la beauté ravit les immortels !

Mère de grâce, aimable souveraine,
Je me prosterne au pied de vos autels.

Je vous salue, ô divine Marie!
Vous méritez l'hommage de nos cœurs;
Après Jésus, vous êtes et la vie,
Et le refuge, et l'espoir des pécheurs.

Fils malheureux d'une coupable Mère,
Bannis du ciel, les yeux mouillés de pleurs;
Nous vous faisons, de ce lieu de misère,
Par nos soupirs entendre nos douleurs.

Écoutez-nous, puissante protectrice;
Tournez sur nous vos yeux compatissants,
Et montrez-nous qu'à nos malheurs propice,
Du haut des cieux vous aimez vos enfants.

O douce, ô tendre, ô pieuse Marie!
Vous dont Jésus, mon Dieu, reçut le jour;
Faites qu'après l'exil de cette vie,
Nous le voyions dans l'éternel séjour.

NATIVITÉ DE LA SAINTE VIERGE.

PRIÈRE A MARIE.

Paroles tirées d'un cantique allemand; musique de Breidenstein. — Cantiques de la P. S.-Etienne-du-Mont, p. 36.

Chrétiens, célébrons le jour
  Où naquit la Mère
Du Dieu dont l'immense amour
  A sauvé la terre.
Vierge sainte, Vierge pure,
Doux espoir qui nous ravit,
Pour vous chanter, la nature
A nos hommages s'unit.

Bientôt naîtra le Sauveur
   Qui vous a choisie ;
Bientôt votre Créateur
   Vous devra la vie.
O pieux et doux mystère !
Dieu, le soleil d'équité,
Pour son trône sur la terre
Choisit votre humilité.

Vierge qui régnez aux cieux,
   Voyez notre peine,
Rendez tous les cœurs pieux,
   O vous, notre Reine !
Au séjour de l'innocence
Daignez rappeler un jour
Tous ceux que votre assistance
Rendit au bien, à l'amour.

LOUANGES A MARIE.

Paroles de *** ; musique de Neukomm. — Cantiques de Neukomm, p. 75.

Quel beau jour vient s'offrir à notre âme ravie,
   Nous inspirer des chants joyeux !
Les temps sont accomplis, Dieu prépare en Marie
   L'accord de la terre et des cieux.
   Cette terre ingrate et rebelle
   Du ciel provoquait le courroux ;
   Vierge humble, modeste et fidèle,
   C'est toi qui vas nous sauver tous.

Chœur.

Chantons cette fête chérie,
Ce jour de grâce et de bonheur,
Et que le doux nom de Marie
Règne à jamais dans notre cœur.

Triomphez, ô mortels ! et que l'enfer frémisse ;
  Tous ses efforts sont impuissants :
Dieu, qui fait embrasser la paix et la justice,
  Va vous adopter pour enfants.
   Ah ! puisqu'il devient notre frère,
   Rien ne doit manquer à nos vœux ;
   Il sait bien qu'il faut une mère
   A l'homme faible et malheureux. Chantons.

C'est le Fils du grand Dieu que tout le ciel adore,
  Qui viendra nous porter la paix ;
Il veut qu'un si beau jour ait aussi son aurore,
  Prélude de tous ses bienfaits :
   Pouvait-il donner à la terre
   Des gages plus consolateurs ?
   Il s'annonce par une mère :
   N'est-ce pas tout dire à nos cœurs ? Chantons.

La nature et la grâce à l'envi l'ont parée,
  Elle est un chef-d'œuvre en naissant ;
Rien ne ternit l'éclat de cette arche sacrée
  Qu'habitera le Tout-Puissant.
   Elle étonne et ravit les anges
   Prosternés devant son berceau,
   Et leurs lyres pour ses louanges
   N'ont plus de concert assez beau. Chantons.

Voyez éclore un lys, et sa tige éclatante
  Exhaler la plus douce odeur ;
Telle est à son berceau votre Reine naissante,
  Pleine de grâce et de douceur.
   L'amour, la candeur, l'innocence,
   Accompagnent ses premiers pas.
   O l'heureuse, ô l'aimable enfance !
   Pourrions-nous ne l'imiter pas ? Chantons.

O divine Marie, ô notre tendre Mère !
  Daignez nous bénir en ce jour ;

Songez que cet asile est votre sanctuaire,
   Qu'il a des droits à votre amour :
  À cette famille attendrie
  Inspirez toujours la ferveur,
  Et qu'au ciel, comme en cette vie,
  Nous soyons tous en votre cœur. Chantons.

SOLENNITÉ DU SAINT ROSAIRE.

Avant l'Instruction.

EXHORTATION AU CULTE DE MARIE.

Paroles de *** ; musique de Neukomm. — Cantiques de Neukomm, p. 78.

  Heureux qui du cœur de Marie
  Connaît, honore les grandeurs,
  Et qui sans crainte se confie
  En ses maternelles faveurs !
  Après le cœur du divin Maître,
  A qui seul est dû tout encens,
  Fut-il jamais, et peut-il être
  Un cœur plus digne de nos chants ? } *bis.*

  Les cieux se trouvent sans parure
  Auprès des traits de sa beauté,
  Et l'astre roi de la nature
  Près d'elle a perdu sa clarté :
  Cours au temple, ô fille chérie !
  Offrir ton cœur à l'Eternel :
  Jamais plus agréable hostie
  Ne fut portée à son autel. } *bis.*

  C'est là que ce cœur si docile,
  Soumis aux éternels desseins,

Se forme à devenir l'asile
Et le séjour du Saint des Saints.
Oh ! de quels charmes fut suivie,
De quels transports, de quelle ardeur,
L'union du cœur de Marie   } bis.
Avec celui du Dieu Sauveur !

Quand Jésus, né dans l'indigence,
Baigne pour nous ses yeux de pleurs,
Son cœur, avide de souffrance,
Aime à s'unir à ses douleurs ;
Quand, chargé de nos injustices,
Il veut de son sang innocent
Pour nous répandre les prémices,   } bis.
Le cœur de Marie y consent.

Quelle force aida son courage
Lorsqu'elle osa suivre les pas
De celui qu'une aveugle rage
Traînait au plus honteux trépas !
Voyez-le, ce cœur intrépide,
Par les mêmes mains déchiré,
Qui percent d'un fer déicide   } bis.
Le cœur de son Fils expiré.

Témoins de son cruel supplice,
Rassurez-vous, séchez vos pleurs :
Un torrent de pures délices
Va succéder à ses douleurs.
Bientôt à la terre enlevée
Par un effort de son amour,
L'humble Marie est élevée   } bis.
Au haut de l'immortel séjour.

Hâtez-vous d'offrir à son trône,
Saints anges, vos tributs d'honneur,
Chantez du Dieu qui la couronne
Les dons, la bonté, la faveur :

Et nous, fils d'un père coupable,
Ici-bas condamnés aux pleurs,
Cherchons dans ce cœur secourable } bis.
Un abri contre nos malheurs.

O cœur de la plus tendre Mère !
Cœur plein de grâce et de bonté,
Vous sur qui, dans notre misère,
Notre espoir a toujours compté :
Daignez être notre refuge
Et notre appui dans tous les temps,
Surtout auprès de notre juge, } bis.
Dans le dernier de nos instants.

Après l'Instruction.

ACTE DE CONSÉCRATION A MARIE.

Paroles de *** ; musique de ***. — Cantiques de la P. S.-Jacques-du-Haut-Pas, n° 29.

Mère de Dieu, quelle magnificence
Orne aujourd'hui ton aimable séjour !
C'est en ce lieu qu'à tes pieds mon enfance
Vint autrefois te vouer mon amour.

   Tendre Marie !
   O mon bonheur !
   Toujours chérie,
  Tu vivras dans mon cœur.

O mon refuge ! ô ma Reine ! ô ma Mère !
Combien sur moi tu versas de bienfaits !
Combien de fois, dans ce doux sanctuaire,
Mon triste cœur a retrouvé la paix ! (Tendre, etc.)

Mon œil à peine avait vu la lumière,

Et ton amour veillait sur mon berceau ;
Tous mes instants, ô mon aimable Mère !
Furent marqués par un bienfait nouveau. (Tendre.)

Anges, soyez témoins de ma promesse ;
Cieux, écoutez ce serment solennel :
« Oui, c'en est fait, mon cœur plein de tendresse
« Jure à Marie un amour éternel. » (Tendre, etc.)

Si je pouvais, infidèle et volage,
Un seul instant cesser de te chérir,
Tranche mes jours à la fleur de mon âge;
Je t'en conjure, ah ! laisse-moi mourir. (Tendre.)

Après l'Acte de consécration.

PROMESSE DE FIDÉLITÉ A MARIE.

Paroles de *** ; musique de Neukomm. — Cantiques de Neukomm, p. 85.

Vous en êtes témoins, Anges du sanctuaire,
De la Mère d'un Dieu nous sommes les enfants ;
C'en est fait, et Marie a reçu nos serments :
Honneur, respect, amour à notre auguste Mère !

Oui, nous l'avons juré, nous sommes ses enfants,
L'amour est de nos cœurs le vœu le plus sincère ;
Que la terre et les cieux redisent nos serments :
Guerre au monde, à Satan, amour à notre Mère.

Si, parjure à mes vœux, je te quitte, ô Marie !
Que ma langue à l'instant s'attache à mon palais ;
Que ma droite séchée atteste pour jamais
Aux yeux du monde entier ma lâche perfidie.

    Oui, nous l'avons juré, etc.

9.

De puissants ennemis nous déclarent la guerre ;
Je sens mon cœur frémir à l'aspect des combats :
Soutiens-nous, ô Marie ! à nos débiles bras
Daigne ajouter l'appui de ton bras tutélaire.

  Oui, nous, etc.

Si, pour nous enchaîner, des faux biens de la vie,
Le monde offre à nos yeux les attraits imposteurs,
Disons-lui, repoussant ses funestes douceurs :
Mon cœur n'est plus à moi, mon cœur est à Marie !

  Oui, nous, etc.

Ainsi, toujours vainqueurs, dans une paix profonde,
Nous goûterons des saints les plaisirs ravissants :
Toujours nous foulerons sous nos pieds triomphants
Les pompes de Satan, les vains plaisirs du monde.

  Oui, nous, etc.

FÊTE DE TOUS LES SAINTS.

HYMNE EN L'HONNEUR DES SAINTS.

Paroles de *** ; musique de Neukomm. — Cantiques de Neukomm, p. 91.

 Chantons les combats et la gloire
 Des Saints, nos illustres aïeux ;
 Ils ont remporté la victoire,
 Ils sont couronnés dans les cieux ;
 Il n'est plus pour eux de tristesse,
 Plus de soupirs, plus de douleurs,
 Ils moissonnent dans l'allégresse
 Ce qu'ils ont semé dans les pleurs.

 Objets des tendres complaisances
 De l'Éternel, du Tout-Puissant,

Ses grandeurs sont leurs récompenses,
Son amour est leur aliment.
Ce divin Soleil de justice,
Toujours échauffe et toujours luit,
Sans que jamais il s'obscurcisse ;
C'est dans le ciel un jour sans nuit.

Grands Saints, vous êtes nos modèles,
Nous serons vos imitateurs ;
Nous voulons vous être fidèles,
Daignez être nos protecteurs.
Puissions-nous, marchant sur vos traces,
Être toujours à Dieu soumis !
Solliciter pour nous ses grâces,
Puisque vous êtes ses amis.

Vous habitez votre patrie,
Et nous errons comme étrangers ;
Votre sort est digne d'envie,
Et le nôtre plein de dangers.
Vous fûtes tout ce que nous sommes,
Au mal exposés comme nous ;
Demandez au Sauveur des hommes,
Qu'un jour nous régnions avec vous.

LE CIEL.

Paroles de *** ; musique de Neukomm. — Cantiques de Neukomm, p. 38.

Sainte cité, demeure permanente,
Sacré palais qu'habite le grand Roi,
Où doit un jour régner l'âme innocente,
Quoi de plus doux que de penser à toi !
  O ma patrie !
  O mon bonheur !
  Toute ma vie
Sois le vœu de mon cœur !

Dans tes parvis tout n'est plus qu'allégresse ;
C'est un torrent des plus chastes plaisirs ;
On ne ressent ni peine ni tristesse,
On ne connaît ni plainte ni soupirs. (O ma patrie, etc.)

Tes habitants ne craignent plus d'orage ;
Ils sont au port, ils y sont pour jamais ;
Un calme entier devient leur doux partage ;
Dieu dans leur cœur verse un fleuve de paix. (O.)

De quel éclat ce Dieu les environne !
Ah ! je les vois tout brillants de clarté ;
Rien ne saurait y flétrir leur couronne.
Leur vêtement est l'immortalité ! (O ma patrie, etc.)

Pour les élus il n'est point d'inconstance,
Tout est soumis au joug du saint amour ;
L'affreux péché n'a plus là de puissance,
Tout bénit Dieu dans cet heureux séjour. (O, etc.)

Beauté divine, ô beauté ravissante !
Tu fais l'objet du suprême bonheur ;
Oh ! quand naîtra cette aurore brillante
Où nous pourrons contempler ta splendeur ! (O, etc.)

Puisque Dieu seul est notre récompense,
Qu'il soit aussi la fin de nos travaux ;
Dans cette vie un moment de souffrance
Mérite au ciel un éternel repos. (O ma patrie ! etc.)

COMMÉMORATION DES MORTS.

PLAINTES DES AMES DU PURGATOIRE.

Paroles de *** ; musique de Monpou. — Cantiques de la
P. S.-Thomas-d'Aquin, p. 106.

Au fond des brûlants abîmes
Nous gémissons, nous pleurons ;

Et pour expier nos crimes,
Loin de Dieu, nous y souffrons.
  Hélas! hélas!
Feu vengeur, de tes victimes
Les pleurs ne t'éteignent pas.

A l'aspect de nos supplices,
Chrétiens, attendrissez-vous :
A nos maux soyez propices,
O nos frères, sauvez-nous !
  Hélas! hélas!
Le ciel, sans vos sacrifices,
Ne les abrégera pas.

De ces flammes dévorantes
Vous pouvez nous arracher :
Hâtez-vous, âmes ferventes;
Dieu se laissera toucher.
  Hélas! hélas!
De ces peines si cuisantes
La fin ne vient-elle pas ?

Grand Dieu, de votre justice
Désarmez le bras vengeur :
Que notre malheur finisse
Par le sang d'un Dieu sauveur.
  Hélas! hélas!
Votre main libératrice
Ne s'étendra-t-elle pas ?

PRIÈRE POUR LES MORTS.

Paroles tirées du *Libera*; musique de Neukomm. — Cantiques de Neukomm, p. 17.

Délivre-moi, Seigneur, de la mort éternelle
Et regarde en pitié mon âme criminelle,

Languissante, étonnée, et tremblante d'effroi.
Cache-la sous ton aile au jour épouvantable,
Quand la terre et les cieux s'enfuiront devant toi,
En te voyant si grand, si saint, si redoutable.

Tu paraîtras alors dans ta majesté sainte,
Pour juger ce grand tout qui frémira de crainte,
En le renouvelant par tes feux allumés :
Jour cruel, jour de deuil, de troubles, de misères,
De clameurs, de sanglots, de soupirs enflammés,
De grincements de dents, et de larmes amères !

En ce dernier des jours, si ta colère extrême
Vient répandre l'effroi jusques dans l'ange même,
Hélas ! que deviendra le pécheur réprouvé ?
En quel lieu fuira-t-il ta vengeance implacable ?
Et si même le juste est à peine sauvé,
Où paraîtrai-je alors, moi qui suis si coupable ?

Que dirai-je, grand Dieu ! que me faudra-t-il faire ?
Rien ne sera pour moi, tout me sera contraire ;
Je verrai mon péché s'élever contre moi :
Mon Juge est juste et saint, je suis plein d'injustices.
Moi, rebelle sujet, vis-à-vis de mon Roi !
Mon Roi brillant de gloire, et moi noirci de vices !

Une voix éclatante et partout entendue,
De la terre et des cieux embrasse l'étendue :
O vous, morts, levez-vous, nourriture des vers,
Laissez vos monuments, reprenez la lumière,
L'Eternel vient des cieux pour juger l'univers ;
Sortez pour écouter sa volonté dernière.

Seigneur, qui créas tout, et qui peux tout détruire,
Qui m'as formé de terre et qui dois m'y réduire,
Souviens-toi que ton sang m'a sauvé de la mort.
Au grand jour où mon corps, malgré sa pourriture,

Sortira du tombeau, prends pitié de mon sort,
Et n'arme point ton bras contre ta créature.

Exauce, exauce, ô Dieu ! mon ardente prière ;
Détourne loin de moi le poids de ta colère :
Que je puisse, en ce jour, implorer ta faveur.
Ouvre-moi d'Abraham le sein si désirable,
Sois alors et mon Père et mon tendre Sauveur,
Et prononce un arrêt qui me soit favorable.

DIMANCHE APRÈS LA TOUSSAINT.
CONSOLATIONS CHRÉTIENNES.

Paroles de J.-B. Rousseau ; musique de Monpou. —
Cantiques de la P. S.-Thomas-d'Aquin, 241.

Heureux qui, dès son enfance,
Soumis aux lois du Seigneur,
N'a pas, avec l'innocence,
Perdu la paix de son cœur !

Chéri de celui qu'il adore,
Son bonheur le suit en tout lieu :
Que peut-il désirer encore,
Quand il se voit l'ami d'un Dieu ? (Heureux, etc.)

En vain la fortune couronne
Du pécheur les moindres désirs,
Le remords cruel empoisonne
Les plus vantés de ses plaisirs. (Heureux, etc.)

Le moment d'une folle ivresse
Fait place à celui des regrets ;
Ce bonheur qu'il poursuit sans cesse,
Le mondain ne l'aura jamais. (Heureux, etc.)

Seigneur, de ma tranquille vie,
Rien ne saurait troubler le cours ;

La paix ne peut être ravie
A qui veut vous aimer toujours. (Heureux, etc.)

L'espoir d'une gloire immortelle
Et d'un bonheur toujours nouveau,
Sème de fleurs, pour le fidèle,
Les bords si tristes du tombeau. (Heureux, etc.)

Mon Dieu, j'y descendrai sans crainte,
Espérant, des bras de la mort,
Voler vers ta demeure sainte,
En chantant dans un doux transport : (Heureux.)

ÉLOGE DE LA PIÉTÉ.

Paroles de M. de La Tour; musique de ***. — Cantiques
de la P. S.-Jacques-du-Haut-Pas, n° 30.

Goûtez, âmes ferventes,
Goûtez votre bonheur ;
Mais demeurez constantes
Dans votre sainte ardeur.

Heureux le cœur fidèle
Où règne la ferveur !
On possède avec elle
Tous les dons du Seigneur.

Elle est le vrai partage
Et le sceau des élus ;
Elle est l'appui, le gage
Et l'âme des vertus. (Heureux, etc.)

Par elle la foi vive
S'allume dans les cœurs,
Et sa lumière active
Guide et règle nos mœurs. (Heureux, etc.)

Par elle l'espérance

Ranime ses soupirs,
Et croit jouir d'avance
Des célestes plaisirs. (Heureux, etc.)

Par elle, dans les âmes,
S'accroît de jour en jour
L'activité des flammes
Du pur et saint amour. (Heureux, etc.)

C'est sa vertu puissante
Qui garantit nos sens
De l'amorce attrayante
Des plaisirs séduisants. (Heureux, etc.)

De l'âme pénitente
Elle adoucit les pleurs,
Et de l'âme souffrante
Elle éteint les douleurs. (Heureux, etc.)

Une larme sincère,
Un seul soupir du cœur,
Par elle, a de quoi plaire
Aux regards du Seigneur. (Heureux, etc.)

C'est elle qui prépare
Tous ces traits de beauté
Dont la main de Dieu pare
Les saints dans sa clarté. (Heureux, etc.)

Sous ses heureux auspices
On goûte les bienfaits,
Les charmes, les délices
De la plus douce paix. (Heureux, etc.)

DÉDICACE DE L'ÉGLISE.

LE TEMPLE DE DIEU.

Paroles de *** ; musique de Monpou. — Cantiques de la P. S.-Thomas-d'Aquin, p. 16.

Temple, témoin des premiers vœux
Et du bonheur de l'innocence,
Je te dois, image des cieux,
Les plus beaux jours de mon enfance.

Inspire-moi des chants divins,
Sainte Sion, ô ma patrie,
Et retentis des doux refrains :
Vive Jésus ! vive Marie ! (*bis.*)

Muet aux pieds de l'Eternel
Que mon cœur en secret admire ;
Tremblant encor, devant l'autel,
Oserais-je accorder ma lyre ?   (Inspire, etc.)

Grand Dieu, soutiens ma faible voix,
Elle part d'un cœur pur et tendre :
Quel présage !... ici, sur la croix,
Un rayon a semblé descendre.   (Inspire, etc.)

Le luxe imposant des palais
Nous cache souvent bien des larmes ;
Ce temple est celui de la paix,
La foi l'embellit de ses charmes   (Inspire, etc.)

Ces fonts ont reçu mes serments,
Serments nouveaux qu'en traits de flamme,
Pour affermir mes sentiments,
L'amour a gravés dans mon âme.   (Inspire, etc.)

Pontife et victime d'amour ;
Sur l'autel le Sauveur lui-même

Vient, en s'immolant chaque jour,
Donner la vie à ceux qu'il aime. (Inspirez, etc.)

C'est ici que Dieu s'est montré,
Prodige touchant de tendresse ;
C'est là qu'à son banquet sacré
Il renouvelle ma jeunesse. (Inspire, etc.)

Aux divins rayons de la foi,
Sa main se plaît à me conduire ;
Dans la science de la loi,
Lui-même, il daigne encor m'instruire. (Inspire, etc.)

De tant d'amour et de bienfaits,
O Jésus ! source intarissable,
Qui n'est épris de vos attraits?
Combien votre joug est aimable ! (Inspire, etc.)

Et toi dont j'aime, ô digne appui,
A bénir le nom tutélaire,
C'est aux pieds du fils aujourd'hui
Que je veux invoquer la mère. (Inspire, etc.)

Temples chéris ! ô murs sacrés !
Quand ici nous courbons nos fêtes
Devant vos autels révérés,
Répétez nos hymnes de fêtes !

Redouble aussi tes chants divins,
Sainte Sion, ô ma patrie,
Et retentis des doux refrains :
Vive Jésus ! vive Marie !

RÉNOVATION DES VŒUX DU BAPTÊME.

Paroles de *** ; musique de ***. — Cantiques de la P. S.-Jacques-du-Haut-Pas, n° 31.

Quand l'eau sainte du baptême
Coula sur vos fronts naissants,

Et qu'un Dieu, la bonté même,
Vous adopta pour enfants,
Muets encore,
D'autres promirent pour vous :
Aujourd'hui, confessez tous
La foi dont un chrétien s'honore.

Foi de nos pères,
Notre règle et notre amour,
Nous embrassons dans ce jour
Et ta morale et tes mystères.

En vain à ma foi soumise
S'oppose un orgueil trompeur ;
Sur les traces de l'Eglise
Puis-je marcher dans l'erreur?
Trinité sainte,
Je te confesse et te crois,
Et je t'adore trois fois,
Et plein d'amour et plein de crainte. (Foi, etc.)

Annoncé par mille oracles,
Et de la terre l'espoir,
L'Homme-Dieu, par ses miracles,
Fait éclater son pouvoir ;
Victime pure,
Il triomphe du trépas :
Et je n'adorerais pas
En lui l'auteur de la nature ! (Foi, etc.)

De quel œil de complaisance
Vous me vîtes, ô mon Dieu !
Quand, revêtu d'innocence,
On m'emporta du saint lieu !
Pensée amère !
O beau jour trop tôt passé !
Hélas ! je me suis lassé,
Mon Dieu, de vous avoir pour père. (Foi, etc.)

J'ai blessé votre tendresse,
Violé vos saintes lois,
Vous me rappeliez sans cesse,
Je repoussais votre voix.
  Du moins mes larmes
Obtiendront-elles pardon ?
Seigneur, de votre maison
Je puis encor goûter les charmes. (Foi, etc.)

Loin de moi, monde profane ;
Fuis, ô plaisir séduisant !
L'Evangile vous condamne,
Vous blessez en caressant.
  Sous votre empire,
Mon Dieu, sont les vrais trésors ;
Vos douceurs sont sans remords,
C'est pour elles que je soupire. (Foi, etc.)

Loin de ces tentes coupables
Où s'agite le pécheur,
Sous vos pavillons aimables
Je trouverai le bonheur :
  Avant l'aurore
Mon cœur vous appellera,
Et quand le jour finira,
Mes chants vous béniront encore. (Foi, etc.)

PRÉSENTATION DE LA SAINTE VIERGE.

LOUANGES A MARIE.

Paroles de *** ; musique de ***. — Cantiques de la P. S.-Jacques-du-Haut-Pas, n° 31.

O divine Marie !
Encore tendre enfant,
Vous offrez votre vie
Au Seigneur tout-puissant.

Toujours pure et sans tache,
Toujours brûlant d'ardeur,
Votre cœur ne s'attache
Qu'à votre Créateur.

A l'ombre de vos ailes,
Nous sommes aujourd'hui
Devenus plus fidèles,
Nous consacrer à lui.
Offrez-nous, tendre Mère :
Présentés de vos mains,
Nous ne saurions déplaire
A ses regards divins.

Qu'en vous notre œil contemple
Le plus parfait miroir ;
Que toujours votre exemple
Nous ramène au devoir ;
Et, marchant sur la trace
De vos belles vertus,
Nos cœurs trouveront grâce
Dans le cœur de Jésus.

O doux Sauveur ! vrai Père
Des pécheurs pénitents,
De votre auguste Mère
Recevez les enfants.
Dans votre heureux service
Nous voulons expirer :
Que jamais on ne puisse
De vous nous séparer.

CONFIANCE EN MARIE.

Paroles tirées d'un cantique allemand; musique de Breidenstein. — Cantiques de la P. S.-Etienne-du-Mont, p. 28.

Salut à vous, ô Vierge aimable !
Dont la puissance secourable
S'étend partout dans l'univers,
Vous qui préservez du naufrage
Le marin, qui, pendant l'orage,
Sait prier l'Étoile des mers.

Marie, ô douce Providence !
Flambeau de la sainte espérance,
Qui brillez au plus haut des cieux,
Voyez que d'âmes égarées
Vers les enfers sont entraînées...
Priez pour tous les malheureux.

En vous je mets ma confiance :
Daignez me servir de défense,
Refuge assuré du pécheur !
Et, quand viendra l'instant suprême
M'arracher à tout ce que j'aime,
Ranimez la foi dans mon cœur.

DIMANCHES APRÈS LA PENTECOTE SANS CANTIQUES PROPRES.

L'on reprendra pour ces dimanches : 1° les Cantiques désignés pour une fête tombée pendant la semaine précédente sans avoir été célébrée dans les réunions de l'association; 2° les cantiques sur Dieu pour les dimanches après l'Epiphanie; 3° les cantiques sur N.-S.

Jésus-Christ pour les dimanches après Pâques; 4° les cantiques sur le Saint-Esprit pour le jour de la Pentecôte; 5° les cantiques sur la sainte Trinité pour le jour de cette fête, etc.

PREMIER DIMANCHE DU MOIS.

Le premier dimanche du mois, s'il y a réception solennelle d'associées, l'on chantera les trois cantiques désignés pour la fête du saint Rosaire.

TROISIÈME PARTIE.

CANTIQUES POUR LE MOIS DE MARIE.

Le Dimanche à l'exercice du soir.

Après les prières du saint Rosaire.

HYMNES A DIEU.

Paroles de J. Racine; musique de ***. — Cantiques de la P. S.-Jacques-du-Haut-Pas, nº 32.

O toi qui d'un œil de clémence
Vois les égarements des fragiles humains,
Toi dont l'être un en trois, et le même en puissance,
A créé ce grand tout soutenu par tes mains.

Eteins ta foudre dans les larmes
Qu'un juste repentir mêle à nos chants sacrés ;
Et que puisse ta grâce, où brillent tes doux charmes,
Te préparer un temple en nos cœurs épurés !

Brûle en nous de tes saintes flammes
Tout ce qui, de nos sens, excite les transports,
Afin que toujours prêts nous puissions dans nos âmes
Du démon de la chair vaincre tous les efforts.

Pour chanter ici tes louanges,
Notre zèle, Seigneur, a devancé le jour :
Fais qu'ainsi nous chantions un jour avec tes anges
Les biens qu'à tes élus assure ton amour.

Père des anges et des hommes,
Sacré Verbe, Esprit saint, profonde Trinité,
Sauve-nous ici-bas des périls où nous sommes,
Et qu'on loue à jamais ton immense bonté.

———

L'aurore brillante et vermeille
Prépare le chemin au soleil qui la suit ;
Tout rit aux premiers traits du jour qui se réveille :
Retirez-vous, démons qui volez dans la nuit.

Fuyez, songes, troupe menteuse,
Dangereux ennemis par la nuit enfantés ;
Et que fuie avec vous la mémoire honteuse
Des objets qu'à nos sens vous avez présentés.

Chantons l'auteur de la lumière
Jusqu'au jour où son ordre a marqué notre fin ;
Et qu'en le bénissant notre aurore dernière
Se perde en un midi sans soir et sans matin.

Gloire à toi, Trinité profonde,
Père, Fils, Esprit saint : qu'on t'adore toujours,
Tant que l'astre des temps éclairera le monde,
Et quand les siècles même auront fini leur cours.

———

Source éternelle de lumière,
Trinité souveraine et très-simple unité,
Le visible soleil va finir sa carrière,
Fais luire dans nos cœurs l'invincible clarté.

Qu'au doux concert de tes louanges,
Notre voix et commence et finisse le jour ;
Et que notre âme enfin chante avec tes saints anges
Le cantique éternel de ton céleste amour.

Adorons le Père suprême,
Principe sans principe, abîme de splendeur,
Le Fils, Verbe du Père, engendré dans lui-même,
L'esprit des deux qu'il lie, amour, don, paix, ardeur.

Avant le sermon.

INVOCATION AU SAINT ESPRIT.

Paroles tirées d'un cantique allemand; musique de Braün.
— Cantiques de la P. S.-Etienne-du-Mont, p. 8.

Demeure en nous, grâce de Jésus-Christ,
    Grâce de Dieu le Père,
Eclaire-nous toujours, ô Saint-Esprit,
    Telle est notre prière.

Après le sermon.

HOMMAGES A MARIE.

Paroles de M. ***; musique de ***. — Cantiques de la P.
S.-Jacques-du-Haut-Pas, n° 33.

Reçois nos hommages
Dans ce mois de fleurs;
Retiens les orages
Sous tes pieds vainqueurs.
Ah! tes douces fêtes,
    Toujours!

Divine Marie,
O Vierge chérie,
Sois nos amours
    Toujours!

Le ciel, doux et tendre, etc. [1].

---

[1] Pour la suite, voir le recueil de Cantiques de M. l'abbé Le Guillou.

Autres cantiques après le sermon.

INVOCATION A MARIE.

Paroles tirées d'un cantique allemand; musique de Sechter.
— Cantiques de la P. S.-Étienne-du-Mont, p. 6.

CHOEUR. O Vierge Marie!
O Mère bénie!
Pour nous quel bonheur
De chanter sans cesse
A vous louange, honneur!

SOLO. Du haut des cieux venez,
Et vous consolerez
Mon âme attristée,
Car l'espoir vous suivra,
Vierge immaculée.

Vous qui brûlez d'amour,
Au céleste séjour,
Priez, ô Marie!
Et toujours vers le bien
Tendra notre vie.

Ah! par un prompt secours
Il faut avoir recours
A votre prière;
Du bon Seigneur Jésus
Vous êtes la Mère.

HOMMAGES A MARIE.

Paroles tirées d'un cantique allemand ; musique de Glaser. — Cantiques de la P. S.-Étienne-du-Mont, p. 44.

Notre Mère a fui loin de nous
   D'amour consumée ;
   Son âme attristée,
O Jésus ! soupirait vers vous ;
Et voici qu'elle est rappelée
   Dans le séjour du bonheur.
Gloire à la Mère du Sauveur !

Reine de paix et de bonté,
   Du fond de l'abîme,
   Ton trône sublime
Nous paraît brillant de clarté ;
Et ta gloire en nos cœurs imprime
   L'espoir du jour bienheureux
Où pour nous s'ouvriront les cieux.

Gloire au Père ! au Fils adoré !
   Gloire à vous, Marie !
   O Vierge bénie !
Par qui Jésus nous fut donné.
Esprit saint ! ta gloire infinie
   Sur nos âmes régnera,
Puis jusqu'au ciel nous guidera.

Au Salut du Saint-Sacrement.

FOI ET AMOUR ENVERS N.-S. JÉSUS-CHRIST.

Paroles de ***; musique de Labat de Sérène. — Cantiques de la P. S.-Thomas-d'Aquin, p. 166.

Je vois s'ouvrir l'auguste tabernacle,
Sur cet autel paraît le Roi des cieux ;
Heureux mortels, ce temple est un cénacle ;
L'esprit d'amour le remplit de ses feux.

Divin Jésus, mon âme s'abandonne
Aux saints transports qu'inspire ton amour ;
O mon Sauveur ! tu m'offres ta couronne,
Et tu ne veux que mon cœur en retour !

Je suis à toi, mais quelle est ma faiblesse !
Répands sur moi ta bénédiction ;
Soutiens mon cœur, daigne par ta tendresse
Eterniser cette heureuse union.

CONSÉCRATION A MARIE.

Paroles de ***; musique de ***. — Cantiques de la P. S.-Jacques-du-Haut-Pas, n° 34.

Mère de Dieu, quelle magnificence
Orne aujourd'hui ton aimable séjour !
C'est en ce lieu qu'à tes pieds mon enfance
Vint autrefois te vouer mon amour.
    Tendre Marie !
     O mon bonheur !
    Toujours chérie,
  Tu vivras dans mon cœur.

O mon refuge ! ô ma Reine ! ô ma Mère !
Combien sur moi tu versas de bienfaits !

Combien de fois, dans ce doux sanctuaire,
Mon triste cœur a retrouvé la paix! (Tendre, etc.)

Mon œil à peine avait vu la lumière,
Et ton amour veillait sur mon berceau;
Tous mes instants, ô mon aimable Mère!
Furent marqués par un bienfait nouveau. (Tend.)

Anges, soyez témoins de ma promesse;
Cieux, écoutez ce serment solennel :
« Oui, c'en est fait, mon cœur plein de tendresse
« Jure à Marie un amour éternel. » (Tendre, etc.)

Si je pouvais, infidèle et volage,
Un seul instant cesser de te chérir,
Tranche mes jours à la fleur de mon âge,
Je t'en conjure, ah! laisse-moi mourir. (Tendre.)

Après la bénédiction.

PROMESSE DE FIDÉLITÉ A MARIE.

Paroles de ***; musique de Neukomm. — Cantiques de Neukomm, p. 85.

Vous en êtes témoins, Anges du sanctuaire,
De la Mère d'un Dieu nous sommes les enfants;
C'en est fait, et Marie a reçu nos serments :
Honneur, respect, amour à notre auguste Mère!

Oui, nous l'avons juré, nous sommes ses enfants,
L'amour est de nos cœurs le vœu le plus sincère;
Que la terre et les cieux redisent nos serments :
Guerre au monde, à Satan; amour à notre Mère.

Si, parjure à mes vœux, je te quitte, ô Marie!
Que ma langue à l'instant s'attache à mon palais;

Que ma droite séchée atteste pour jamais
Aux yeux du monde entier ma lâche perfidie.
   Oui, nous l'avons juré, etc.

De puissants ennemis nous déclarent la guerre;
Je sens mon cœur frémir à l'aspect des combats.
Soutiens-nous, ô Marie ! à nos débiles bras
Daigne ajouter l'appui de ton bras tutélaire.
   Oui, nous l'avons juré, etc.

Si, pour nous enchaîner, des faux biens de la vie
Le monde offre à nos yeux les attraits imposteurs,
Disons-lui, repoussant ses funestes douceurs :
Mon cœur n'est plus à moi, mon cœur est à Marie !
   Oui, nous l'avons juré, etc.

Ainsi, toujours vainqueurs, dans une paix profonde,
Nous goûterons des saints les plaisirs ravissants :
Toujours nous foulerons sous nos pieds triomphants
Les pompes de Satan, les vains plaisirs du monde.
   Oui, nous l'avons juré, etc.

Le Lundi à l'exercice du soir.

Après les prières du saint Rosaire.

HYMNES A DIEU.

Paroles de J. Racine; musique de ***. — Cantiques de
la P. S.-Jacques-du-Haut-Pas, n° 35.

Tandis que le sommeil réparant la nature
    Tient enchaînés le travail et le bruit,
Nous rompons ses liens, ô clarté toujours pure !
    Pour te louer dans la profonde nuit.

Exauce, Père saint, notre ardente prière,
    Verbe son fils, Esprit leur nœud divin,

Dieu qui, tout éclatant de ta propre lumière,
    Règnes au ciel sans principe et sans fin.

Que dès notre réveil notre voix te bénisse ;
    Qu'à te chercher notre cœur empressé
T'offre ses premiers vœux ; et que par toi finisse
    Le jour par toi saintement commencé.

    Exauce, etc.

L'astre dont la présence écarte la nuit sombre
    Viendra bientôt recommencer son tour :
O vous, noirs ennemis qui vous glissez dans l'ombre,
    Disparaissez à l'approche du jour !

    Exauce, etc.

Nous t'implorons, ô Dieu ! tes bontés sont nos armes ;
    De tout péché rends-nous purs à tes yeux.
Fais que, t'ayant chanté dans ce séjour de larmes,
    Nous te chantions dans le repos des cieux.

    Exauce, etc.

Verbe égal au Très-Haut, notre unique espérance,
    Jour éternel de la terre et des cieux,
De la paisible nuit nous rompons le silence :
    Divin Sauveur, jette sur nous les yeux.

    Exauce, etc.

Répands sur nous le feu de ta grâce puissante ;
    Que tout l'enfer fuie au son de ta voix ;
Dissipe ce sommeil d'une âme languissante
    Qui la conduit dans l'oubli de tes lois.

    Exauce, etc.

O Christ, sois favorable à ce peuple fidèle,
    Pour te bénir maintenant assemblé,

Reçois les chants qu'il offre à ta gloire immortelle ;
Et de tes dons qu'il retourne comblé.
Exauce, etc.

Grand Dieu, par qui de rien toute chose est formée,
Jette les yeux sur nos besoins divers ;
Romps ce fatal sommeil par qui l'âme charmée
Dort en repos sur le bord des enfers.
Exauce, etc.

Daigne, ô divin Sauveur que notre voix implore,
Prendre pitié des fragiles mortels ;
Et vois comme du lit, sans attendre l'aurore,
Le repentir nous traîne à tes autels.
Exauce, etc.

C'est là que notre troupe affligée, inquiète,
Levant au ciel et le cœur et les mains,
Imite le grand Paul et suit ce qu'un prophète
Nous a prescrits dans ses cantiques saints.
Exauce, etc.

Nous montrons à tes yeux nos maux et nos alarmes ;
Nous confessons tous nos crimes secrets ;
Nous t'offrons tous nos vœux, nous y mêlons nos
Que ta bonté révoque tes arrêts. [larmes :
Exauce, etc.

Avant le sermon.

INVOCATION AU SAINT-ESPRIT.

Paroles de *** ; musique de Braun. — Cantiques de la
P. S.-Etienne-du-Mont, p. 38.

Toi dont la divine flamme
Triomphe de tous les cœurs,
Esprit saint, viens dans mon âme,

Viens lancer tes traits vainqueurs :
Viens renouveler la terre ;
Hâte-toi, du haut des cieux
Descends, souffle salutaire,
Unique objet de mes vœux.

Feu sacré, présent céleste,
Brille aux yeux de l'univers ;
Dissipe la nuit funeste
Dont nous couvrent les enfers.
Ah ! sauve-nous du naufrage,
Toi dont l'essence est l'amour ;
Après un si long orage
Fais luire enfin un beau jour.

Après le sermon.

HOMMAGES A MARIE.

Paroles du R. P. Lefebvre; musique du R. P. Lambillotte.
— Chants à Marie, p. 1.

Enfants, à l'autel de Marie
Allez offrir vos cœurs ;
Aux pieds d'une mère chérie
Allez jeter des fleurs.

Prévenant notre amour, la nature s'empresse
D'embellir nos jardins et d'embaumer les airs ;
On dirait qu'elle veut réveiller la tendresse
Des enfants de Marie, animer leurs concerts.

Allons à l'autel de Marie,
Allons offrir nos cœurs ;
Aux pieds d'une mère chérie
Allons jeter des fleurs.

L'hiver de ses glaçons, etc. [1].

[1] Pour la suite du cantique, voir Chants à Marie, p. 4.

Autre cantique après le sermon.

PRIÈRE A MARIE.

Paroles tirées d'un cantique allemand; musique de Breidenstein. — Cant. de la P. S.-Etienne-du-Mont, p. 40.

Reine des cieux, ô notre Mère !
Sur nous jetez les yeux;
Vous êtes l'appui tutélaire (*bis.*)
De tous les malheureux.

Divine fleur, charmez nos âmes
De vos parfums si doux ;
Embrasez-nous de vives flammes (*bis.*)
Pour le céleste Epoux.

Astre des mers, brillez sans cesse
Dans les cieux assombris ;
Source d'amour et de tendresse, (*bis.*)
Touchez les cœurs flétris.

Ah ! que nos chants célèbrent
L'étoile du matin,
Qui vient dissiper les ténèbres (*bis.*)
Par un éclat divin.

Au Salut du Saint-Sacrement.

FOI ET AMOUR ENVERS N.-S. JÉSUS-CHRIST.

Paroles de ***; musique de Labat de Sérène. — Cantiques de la P. S.-Thomas-d'Aquin, p. 59.

Sur cet autel,
Ah ! que vois-je paraître ?
Jésus, mon Roi, mon divin Maître,
Sur cet autel,

Sainte victime,
Vous expiez mon crime
 Sur cet autel.

De tout mon cœur,
Dans ce profond mystère,
Je vous adore et vous révère
De tout mon cœur.
Bonté suprême
Que toujours je vous aime
De tout mon cœur !

SUB TUUM PRÆSIDIUM.

aroles du R. P. Lefebvre; musique du R. P. Lambillotte.
— Chants à Marie, p. 18.

A mon secours !
Vierge Marie,
Mère chérie,
Venez vite, venez toujours
A mon secours !

Voyez dans quel abîme
Je suis près de tomber ;
Malheureuse victime,
Ah ! je vais succomber
Sous le poids de mon crime !
 A mon secours, etc.

Le lis de l'innocence, etc. '.

¹ Pour la suite du cantique, voir Chants à Marie, p. 21.

Après la bénédiction.

LITANIES DE LA SAINTE VIERGE.

Paroles de * ' *; musique de Neukomm. — Cantiques de Neukomm, p. 68.

Salut, Etoile du matin,
Vase choisi, rose mystique;
Salut, colombe des bords du Jourdain,
Chaste Epouse du saint Cantique;
Arche nouvelle, salut, maison d'or;
Tour où s'abritent les phalanges;
De la justice immense trésor;
Porte du ciel, Reine des Anges,
Arche nouvelle, salut, salut, salut!
Reine des Anges, salut, salut, salut!
Salut, Etoile du matin, etc.

Le Mardi à l'exercice du soir.

Après les prières du saint Rosaire.

HYMNES A DIEU.

Paroles de J. Racine; musique de ***. — Cantiques de la P. S.-Jacques-du-Haut-Pas, n° 36.

Source ineffable de lumière,
Verbe, en qui l'Eternel contemple sa beauté;
Astre, dont le soleil n'est que l'ombre grossière;
Sacré jour, dont le jour emprunte sa clarté;

Gloire à toi, Trinité profonde,
Père, Fils, Esprit saint; qu'on t'adore toujours,
Tant que l'astre des temps éclairera le monde,
Et quand les siècles même auront fini leur cours.

  Lève-toi, Soleil adorable,
Qui de l'éternité ne fais qu'un heureux jour ;
Fais briller à nos yeux ta clarté secourable,
Et répands dans nos cœurs le feu de ton amour.

  Gloire à toi, etc.

  Prions aussi l'auguste Père,
Le Père dont la gloire a devancé les temps,
Le Père tout-puissant en qui le monde espère,
Qu'il soutienne d'en haut ses fragiles enfants.

  Gloire à toi, etc.

  Donne-nous un ferme courage,
Brise la noire dent du serpent envieux :
Que le calme, grand Dieu, suive de près l'orage ;
Fais-nous faire toujours ce qui plaît à tes yeux.

  Gloire à toi, etc.

  Guide notre âme dans ta route ;
Rends notre corps docile à ta divine loi ;
Remplis-nous d'un espoir que n'ébranle aucun doute,
Et que jamais l'erreur n'altère notre foi.

  Gloire à toi, etc.

  Que Christ soit notre pain céleste !
Que l'eau d'une foi vive abreuve notre cœur ;
Ivres de ton esprit, sobres pour tout le reste,
Daigne à tes combattants inspirer ta vigueur.

  Gloire à toi, etc.

  Que la pudeur chaste et vermeille
Imite sur leur front la rougeur du matin :
Aux clartés du midi que leur foi soit pareille ;
Que leur persévérance ignore le déclin.

  Gloire à toi, etc.

  L'aurore luit sur l'hémisphère :

Que Jésus dans nos cœurs daigne luire aujourd'hui,
Jésus qui tout entier est dans son divin père,
Comme son divin père est tout entier en lui.

    Gloire à toi, etc.

    L'oiseau vigilant nous réveille,
Et ses chants redoublés semblent chasser la nuit :
Jésus se fait entendre à l'âme qui sommeille,
Et l'appelle à la vie, où son jour nous conduit.

    Gloire à toi, etc.

    Quittez, dit-il, la couche oisive
Où vous ensevelit une molle langueur :
Sobres, chastes et purs, l'œil et l'âme attentive,
Veillez ; je suis tout proche et frappe à votre cœur.

    Gloire à toi, etc.

    Ouvrons donc l'œil à sa lumière,
Levons vers ce Sauveur et nos mains et nos yeux,
Pleurons et gémissons : une ardente prière
Écarte le sommeil et pénètre les cieux.

    Gloire à toi, etc.

    O Christ, ô soleil de justice,
De nos cœurs endurcis romps l'assoupissement ;
Dissipe l'ombre épaisse où les plonge le vice,
Et que ton divin jour y brille à tout moment.

    Gloire à toi, etc.

    Sombre nuit, aveugles ténèbres,
Fuyez, le jour s'approche et l'olympe blanchit :
Et vous, démons, rentrez dans vos prisons funèbres ;
De votre empire affreux un Dieu nous affranchit.

    Gloire à toi, etc.

Le soleil perce l'ombre obscure ;
Et les traits éclatants qu'il lance dans les airs,
Rompant le voile épais qui couvrait la nature,
Redonnent la couleur et l'âme à l'univers.

  Gloire à toi, etc.

O Christ, notre unique lumière,
Nous ne reconnaissons que tes saintes clartés ;
Notre esprit t'est soumis ; entends notre prière,
Et sous ton divin joug range nos volontés.

  Gloire à toi, etc.

  Souvent notre âme criminelle
Sur sa fausse vertu, téméraire, s'endort :
Hâte-toi d'éclairer, ô lumière éternelle,
Des malheureux assis dans l'ombre de la mort.

Avant le sermon.

INVOCATION AU SAINT-ESPRIT.

Paroles tirées d'un cantique allemand ; musique de Braün.
— Cantiques de la P. S.-Etienne-du-Mont, p. 26.

Gloire, gloire, gloire au Saint-Esprit !
 Et que toujours sa lumière
  Nous guide et nous éclaire.
Gloire, gloire au Père, gloire au Saint-Esprit.

Après le sermon.

HOMMAGES A MARIE.

Paroles de *** ; musique de Neukomm. — Cantiques de
Neukomm, p. 81.

Nous qu'en ces lieux combla de ses bienfaits
 Une mère auguste et chérie,

Enfants de Dieu, que nos chants à jamais
 Exaltent le nom de Marie!

Je vois monter tous les vœux des mortels
 Vers le trône de sa clémence ;
Tout à sa gloire élève des autels,
 Des mains de la reconnaissance. (Nous, etc.)

Ici sa voix puissante sur nos cœurs
 A la vertu nous encourage ;
Sur le saint joug elle répand des fleurs :
 Notre innocence est son ouvrage. (Nous, etc.)

Si le lion rugit autour de nous,
 Elle étend son bras tutélaire ;
L'enfer frémit d'un impuissant courroux,
 Et le ciel sourit à la terre. (Nous, etc.)

Quand le chagrin, de ses traits acérés,
 Blesse nos cœurs et les déchire,
Sensible mère elle est à nos côtés ;
 Avec nos cœurs le sien soupire. (Nous, etc.)

Combien de fois sa prévoyante main
 De l'ennemi rompit la trame!
Nous la priions, et nous sentions soudain
 La paix descendre dans notre âme. (Nous, etc.)

Battu des flots, vain jouet du trépas,
 La foudre grondant sur sa tête,
Le nautonnier se jette dans ses bras,
 L'invoque et voit fuir la tempête. (Nous, etc.)

Tel le chrétien sur ce monde orageux
 Vogue toujours près du naufrage :
Mais à Marie adresse-t-il ses vœux,
 Il aborde en paix au rivage. (Nous, etc.)

Heureux celui qui, dès les premiers ans,
 Se fit un bonheur de lui plaire!

Heureux ceux qu'elle adopta pour enfants !
 La Reine des cieux est leur mère. (Nous, etc.)

Oui, sa bonté se plaît à secourir
 Un cœur confiant qui la prie.
Siècles, parlez !... Vit-on jamais périr
 Un vrai serviteur de Marie ! (Nous, etc.)

A son autel, venez, enfants chéris,
 Savourer de saintes délices.
Consacrez-lui vos cœurs et vos esprits ;
 Elle en mérite les prémices. (Nous, etc.)

Temple divin, saint asile béni,
 Faut-il donc quitter ton enceinte !
Faut-il aller de ce monde ennemi
 Braver la meurtrière atteinte ! (Nous, etc.)

Tendre Marie, ah ! nous allons périr ;
 Le scandale inonde la terre :
Veillez sur nous, daignez nous secourir ;
 Montrez-vous toujours notre mère. (Nous, etc.)

Autre cantique après le sermon.

LE MOIS DE MARIE.

Paroles tirées d'un cantique allemand; musique de Braün.
— Cantiques de la P. S.-Etienne-du-Mont, p. 37.

Par le chant, l'harmonie,
 Fêtons le retour
 Du mois de Marie ;
Redoublons notre amour,
 En ce temps prospère,
 Sont tournés vers nous,
 De la sainte Mère,
Les regards les plus doux.

Ah ! voyez, la nature,
　Pour lui faire honneur,
A repris sa parure,
Le soleil sa splendeur.
　　O touchante image
　　Du jour glorieux
　　Où la Vierge sage
　　A rouvert les cieux.

Offrons à Dieu pour elle
　Nos soins, nos douleurs.
Le chrétien, sous son aile,
Sera toujours vainqueur.
　　La douce Madone
　　Au serpent maudit
　　Jamais n'abandonne
Le cœur qui la bénit.

Au Salut du Saint-Sacrement.

FOI ET AMOUR ENVERS N.-S. JÉSUS-CHRIST.

Paroles tirées de l'*Ecce panis*; musique de Neukomm. — Cantiques de Neukomm, p. 48.

Je te salue, ô pain de l'ange !
Aujourd'hui pain du voyageur.
Toi que j'adore et que je mange,
Ah ! viens dissiper ma langueur :
Loin de toi l'impur, le profane,
Pain réservé pour les enfants,
Mets des élus, céleste manne,
Objet seul digne de nos chants.

Au secours de notre misère
Jésus se livre entièrement ;
Dans la crèche il est notre frère,

Et sur l'autel notre aliment.
Quand il mourut sur le Calvaire,
Il fut la rançon du pécheur ;
Triomphant dans son sanctuaire,
Il est du juste le bonheur.

Honneur, amour, louange et gloire,
Te soient rendus, ô bon Pasteur !
Vis à jamais dans ma mémoire,
Sois toujours gravé dans mon cœur.
O pain des forts ! par ta puissance
Soulage mon infirmité ;
Fais qu'engraissé de ta substance,
Je règne dans l'éternité.

O DOMINA MEA !

Paroles du R. P. Lefebvre ; musique du R. P. Lambillotte.
— Chants à Marie, p. 146.

O ma reine, ô Vierge Marie,
  Je vous donne mon cœur ;
Je vous consacre pour la vie
  Mes peines, mon bonheur.

Je me donne à vous, ô ma mère,
  Je me jette en vos bras !
Marie, exaucez ma prière ;
  Ne m'abandonnez pas.

Je vous donne mon cœur, mon âme, etc.[1]

[1] Pour la suite du cantique, voir Chants à Marie, p. 149.

11.

Après la bénédiction.

ACTIONS DE GRACES.

Paroles de ***; musique de Neukomm. — Cantiques de Neukomm, p. 78.

Heureux qui du cœur de Marie
Connaît, honore les grandeurs,
Et qui sans crainte se confie
En ses maternelles faveurs!
Après le cœur du divin maître
A qui seul est dû tout encens,
Fut-il jamais et peut-il être
Un cœur plus digne de nos chants?

Les cieux se trouvent sans parure
Auprès des traits de sa beauté,
Et l'astre roi de la nature
Près d'elle a perdu sa clarté;
Cours au temple, ô fille chérie!
Offrir ton cœur à l'éternel;
Jamais plus agréable hostie
Ne fut portée à son autel.

C'est là que ce cœur si docile,
Soumis aux éternels desseins,
Se forme à devenir l'asile
Et le séjour du Saint des saints.
O de quels charmes fut suivie,
De quels transports, de quelle ardeur,
L'union du cœur de Marie
Avec celui du Dieu Sauveur!

Quand Jésus, né dans l'indigence,
Baigne pour nous ses yeux de pleurs,
Ce cœur, avide de souffrance,

Aime à s'unir à ses douleurs :
Quand, chargé de nos injustices,
Il veut de son sang innocent
Pour nous répandre les prémices,
Le cœur de Marie y consent.

Quelle force aida son courage,
Lorsqu'elle osa suivre les pas
De celui qu'une aveugle rage
Traînait au plus honteux trépas !
Voyez-le ce cœur intrépide,
Par les mêmes mains déchiré,
Qui percent d'un fer déicide
Le cœur de son fils expiré.

Hâtez-vous d'offrir à son trône,
Saints Anges, vos tributs d'honneur ;
Chantez du Dieu qui la couronne
Les dons, la bonté, la faveur :
Et nous, fils d'un père coupable,
Ici-bas condamnés aux pleurs,
Cherchons dans ce cœur secourable,
Un abri contre nos malheurs.

O cœur de la plus tendre mère,
Cœur plein de grâce et de bonté,
Vous sur qui, dans notre misère,
Notre espoir a toujours compté,
Daignez être notre refuge
Et notre espoir dans tous les temps,
Surtout auprès de notre juge,
Dans le dernier de nos instants.

Le Mercredi à l'exercice du soir.

Après les prières du saint Rosaire.

HYMNES A DIEU.

Paroles de J. Racine; musique de ***. — Cantiques de la P. S.-Jacques-du-Haut-Pas, n° 37.

Grand Dieu, qui vis les cieux se former sans matière
    A ta voix seulement,
Tu séparas les eaux, leur marquant pour barrière
    Le vaste firmament.

Règne, ô Père éternel, Fils, sagesse incréée,
    Esprit saint, Dieu de paix,
Qui fais changer des temps l'inconstante durée,
    Et ne changes jamais.

Si la voûte céleste a ses plaines liquides,
    La terre a ses ruisseaux,
Qui contre les chaleurs portent aux champs arides
    Le secours de leurs eaux.

    Règne, etc.

Seigneur, qu'ainsi les eaux de ta grâce féconde
    Réparent nos langueurs !
Que nos sens désormais vers les appas du monde
    N'entraînent plus nos cœurs !

    Règne, etc.

Fais briller de ta foi les lumières propices
    A nos yeux éclairés ;
Qu'elle arrache le voile à tous les artifices
    Des enfers conjurés.

    Règne, etc.

Ta sagesse, grand Dieu, dans tes œuvres tracées,
  Débrouilla le chaos,
Et fixant sur son poids la terre balancée,
  La sépara des flots.

 Règne, etc.

Par là, son sein fécond, de fleurs et de feuillages
  L'embellit tous les ans,
L'enrichit de doux fruits, couvre de pâturages
  Ses vallons et ses champs.

 Règne, etc.

Seigneur, fais de ta grâce, à notre âme abattue,
  Goûter les fruits heureux ;
Et que puissent nos pleurs de la chair corrompue
  Eteindre en nous les feux.

 Règne, etc.

Que sans cesse nos cœurs, loin du sentier des vices,
  Suivent tes volontés ;
Qu'innocents à tes yeux, ils fondent leurs délices
  Sur tes seules bontés.

 Règne, etc.

Grand Dieu, qui fais briller sur la voûte étoilée
  Ton trône glorieux,
Et d'une blancheur vive à la pourpre mêlée,
  Peints le centre des cieux.

 Règne, etc.

Par toi roule à nos yeux, sur un char de lumière,
  Le clair flambeau des jours,
De tant d'astres par toi la lune en sa carrière
  Voit le différent cours.

 Règne, etc.

Ainsi sont séparés les jours des nuits prochaines
  Par d'immuables lois ;
Ainsi tu fais connaître à des marques certaines
  Les saisons et les mois.

 Règne, etc.

Seigneur, répands sur nous la lumière céleste,
  Guéris nos maux divers ;
Que ta main secourable, aux démons si funeste,
  Brise enfin tous nos fers.

   Avant le sermon.

INVOCATION AU SAINT-ESPRIT.

Paroles de *** ; musique de Neukomm. — Cantiques de Neukomm, p. 40.

Esprit saint, Dieu de lumière,
O vous que nous invoquons !
Venez des cieux sur la terre,
Comblez-nous de tous vos dons.

Accordez-nous cette sagesse
Qui ne cherche que le Seigneur ;
Que notre étude soit sans cesse
De lui soumettre notre cœur. (Esprit saint, etc.)

Donnez-nous cette intelligence,
Ce don qui fait connaître au cœur
De la foi toute l'excellence,
Et du crime toute l'horreur. (Esprit saint, etc.)

Après le sermon.

HOMMAGES A MARIE.

Paroles de *** ; musique de Neukomm. — Cantiques de Neukomm, p. 86.

Reine du ciel, maîtresse de la terre,
Je viens ici te consacrer ma foi ;
Après celui qui lance le tonnerre,
Dans l'univers rien n'est si grand que toi.

Que mille voix célèbrent ta puissance
Et ton triomphe au céleste séjour,
Et tes bienfaits et ma reconnaissance,
Et tes bontés et mon fidèle amour.

Ta voix puissante obtient à tous les âges
De ton cher Fils les secours bienfaisants ;
Ton cœur chérit leurs innocents hommages,
Mais ton amour se prodigue aux enfants.

Si contre moi l'enfer entre en furie,
Par ton secours on m'en verra vainqueur :
Mère du Verbe, ô divine Marie !
Vit-on jamais périr ton serviteur ?

On dit, hélas ! que la tendre jeunesse
Sera pour nous le terme des beaux jours ;
Notre printemps refleurira sans cesse,
Reine du ciel, si nous t'aimons toujours.

Selon l'arrêt, lorsque la mort cruelle
De notre vie éteindra le flambeau,
Si tu nous mets à l'abri de ton aile,
Nous descendrons sans regrets au tombeau.

Autre cantique après le sermon.

CONCEPTION DE LA SAINTE VIERGE.

Paroles tirées d'un cantique allemand ; musique de Breidenstein. — Cantiques de la P. S.-Etienne-du-Mont, p. 47.

Quelle est donc cette aurore nouvelle
Dont la splendeur, à nulle autre pareille,
Monte en ce jour jusqu'au plus haut des cieux !

En ce jour, Vierge immaculée,
Par le Seigneur, au monde, fut donnée,
Gage immortel d'un éternel amour.

Au serment, Dieu s'est montré fidèle :
Pour triompher de l'archange rebelle,
Son bras choisit une femme, un enfant.

O Marie ! ô notre Providence !
Oui, tout chrétien est plein de confiance
En répétant votre nom protecteur.

Au Salut du Saint-Sacrement.

FOI ET AMOUR ENVERS N.-S. JÉSUS-CHRIST.

Paroles de *** ; musique de Labat de Sérène. — Cantiques de la P. S.-Thomas-d'Aquin, p. 102.

O Roi des cieux !
Vous nous rendez tous heureux ;
Vous comblez tous nos vœux,
En résidant pour nous dans ces lieux.

Prodige d'amour,
Dans ce séjour

Vous vous immolez pour nous chaque jour ;
A l'homme mortel
Vous offrez un aliment éternel.   O Roi, etc.

Seigneur, vos enfants
Reconnaissants
Vous offrent les plus tendres sentiments ;
Leurs cœurs sans retour
Veulent brûler du feu de votre amour. O Roi, etc.

Chantons tous en chœur
Louange, honneur
A Jésus, notre aimable Rédempteur ;
Chantons à jamais
De son amour les éternels bienfaits. O Roi, etc.

ALMA REDEMPTORIS MATER.

Paroles du R. P. Lefebvre; musique du R. P. Lambillotte.
— Chants à Marie, p. 155.

Sainte Vierge Marie,
Aimable Mère du Sauveur,
Je vous consacre pour la vie
L'hommage de mon cœur.

Sainte Vierge Marie,
Vous êtes la porte du ciel ;
Obtenez qu'à mon agonie
J'entre en ce séjour immortel.

Sainte Vierge Marie,
Aimable mère, etc. [1]

[1] Pour la suite du cantique, voir Chants à Marie, p. 157.

Après la bénédiction.

ACTIONS DE GRACES.

Paroles de ***; musique de ***. — Cantiques de
la P. S.-Jacques-du-Haut-Pas, n° 38.

Dans nos concerts
Bénissons le nom de Marie ;
Dans nos concerts
Consacrons-lui nos chants divers ;
Que tout l'annonce et le publie,
Et que jamais on ne l'oublie
Dans nos concerts.

Qu'un nom si doux
Est consolant ! qu'il est aimable !
Qu'un nom si doux
Doit avoir de charmes pour nous !
Après Jésus, nom adorable,
Fut-il rien de plus délectable
Qu'un nom si doux ?

Ce nom sacré
Est digne de tout notre hommage ;
Ce nom sacré
Doit être partout honoré.
Qu'il puisse toujours, d'âge en âge,
Etre révéré davantage,
Ce nom sacré !

Nom glorieux,
Que tout respecte ta puissance ;
Nom glorieux,
Et sur la terre et dans les cieux !
De Dieu tu calmes la vengeance,

Tu nous assures sa clémence,
Nom glorieux.

Par ton secours,
L'âme, à son Dieu toujours fidèle,
Par ton secours,
Dans la vertu coule ses jours.
Sa ferveur, son amour, son zèle,
Se nourrit et se renouvelle
Par ton secours.

Le Jeudi à l'exercice du soir.

Après les prières du saint Rosaire.

HYMNES A DIEU.

Paroles de J. Racine; musique de ***. — Cantiques de la P. S.-Jacques-du-Haut-Pas, n° 39.

De toutes les couleurs que distinguait la vue,
    L'obscure nuit n'a fait qu'une couleur ;
Juste juge des cœurs, notre ardeur assidue
    Demande ici tes yeux et ta faveur.

Exauce, Père saint, notre ardente prière,
    Verbe son fils, Esprit leur nœud divin,
Dieu qui, tout éclatant de sa propre lumière,
    Règne au ciel sans principe et sans fin !

Qu'ainsi, prompt à guérir nos mortelles blessures,
    Ton feu divin dans nos cœurs répandu
Consume pour jamais leurs passions impures,
    Pour n'y laisser que l'amour qui t'est dû.

    Exauce, etc.

Effrayés des péchés dont le poids les accable,
Tes serviteurs voudraient se relever :
Ils implorent, Seigneur, ta bonté secourable,
Et dans ton sang cherchent à se laver.
Exauce, etc.

Seconde leurs efforts, dissipe l'ombre noire
Qui dès longtemps les tient enveloppés ;
Et que l'heureux séjour d'une immortelle gloire
Soit l'objet seul de leurs cœurs détrompés.
Exauce, etc.

Auteur de toute chose, essence en trois unique,
Dieu tout-puissant qui régis l'univers,
Dans la profonde nuit nous t'offrons ce cantique :
Ecoute-nous, et vois nos maux divers.
Exauce, etc.

Tandis que du sommeil le charme nécessaire
Ferme les yeux du reste des humains,
Le cœur tout pénétré d'une douleur amère,
Nous implorons tes secours souverains.
Exauce, etc.

Que les feux de nos cœurs chassent la nuit fatale ;
Qu'à leur éclat soient d'abord dissipés
Ces objets dangereux que la nuit infernale
Dans un vain songe offre à nos sens trompés.
Exauce, etc.

Que notre corps soit pur ; qu'une indolence ingrate
Ne tienne point nos cœurs ensevelis ;
Que par l'impression du vice qui nous flatte
Tes feux sacrés n'y soient point affaiblis.
Exauce, etc.

Qu'ainsi, divin Sauveur, tes lumières célestes,
Dans tes sentiers, affermissant nos pas,
Nous détournent toujours de ces piéges funestes
Que le démon couvre de mille appas.

Avant le sermon.

INVOCATION AU SAINT-ESPRIT.

Paroles tirées d'un cantique allemand; choral par Breidenstein. — Cantiques de la P. S.-Etienne-du-Mont, p. 42.

Esprit saint, descendez en nous,
Esprit d'intelligence !
Que dans nos cœurs
Vos feux si doux
Attestent la présence
Du pur amour qui vient de vous.

O vous, Esprit consolateur,
Exaucez ces prières !
Adoucissez notre douleur.
Que vos saintes lumières
Nous guident tous vers le bonheur.

Venez, venez, Esprit d'amour
Et notre seule gloire !
Oui, le combat de chaque jour
Apporte la victoire
A qui vous chérit sans détour.

Venez, venez du haut des cieux,
Esprit saint, notre flamme !
O vous, l'espoir des malheureux,
Descendez dans mon âme,
Embrasez-la de tous vos feux !

Après le sermon.

HOMMAGES A MARIE.

Paroles de *** ; musique de Neukomm. — Cantiques de Neukomm, p. 70.

De tes enfants reçois l'hommage,
Prête l'oreille à leurs accents ;
Seigneur, c'est ton plus noble ouvrage
Qu'ils vont célébrer dans leurs chants :
Ranimé par ta main puissante,
Plein d'un espoir consolateur,
David, de sa tige mourante,
Voit germer la plus belle fleur.

Pleine de grâce, ô Vierge incomparable !
L'honneur, la gloire et l'appui d'Israël,
Jetez sur nous un regard favorable,
De cet exil conduisez-nous au ciel.

Des misères et des alarmes
Cette terre était le séjour ;
Mais le ciel, pour tarir nos larmes,
Nous donne une mère en ce jour :
Chantons cette mère chérie !
Offrons lui le don de nos cœurs,
Et que notre bouche publie
Et ses charmes et ses grandeurs. (Pleine, etc.)

Oh ! quand disparaîtront les ombres
Qui la couvrent de toutes parts ?
Fuyez, fuyez, nuages sombres
Qui la voilez à nos regards.
Verse des torrents de lumière
Sur Sion et ses habitants,

étoile bienfaisante !... éclaire
Et guide leurs pas chancelants. (Pleine, etc.)

Elle est pure comme l'aurore
Qui luit dans un brillant lointain ;
Comme le lis qu'on voit éclore
Dans la fraîcheur d'un beau matin :
Et jusqu'aux sources de la vie,
Par un prodige sans égal,
Son âme ne fut point flétrie
Du souffle empoisonné du mal. (Pleine, etc.)

Ainsi qu'un palmier solitaire,
Qui croît sur le courant des eaux,
Et tous les ans donne à la terre
Des fleurs avec des fruits nouveaux ;
Ainsi, loin du monde vo'age,
Il croîtra, cet enfant divin,
Et tous les peuples, d'âge en âge,
Béniront le fruit de son sein. (Pleine, etc.)

Autre cantique après le sermon.

PRIÈRE A MARIE.

Paroles tirées d'un cantique allemand ; musique de Breidenstein. — Cantiques de la P. S.-Etienne-du-Mont, p. 36.

Chrétiens, célébrons le jour
  Où naquit la Mère
Du Dieu dont l'immense amour
  A sauvé la terre.
Vierge sainte, Vierge pure,
Doux espoir qui nous ravit,
Pour vous chanter, la nature
A nos hommages s'unit.

Bientôt naîtra le Sauveur

Qui vous a choisie ;
Bientôt votre Créateur
  Vous devra la vie.
O pieux et doux mystère,
Dieu, le soleil d'équité,
Pour son trône sur la terre
Choisit votre humilité.

Vierge qui régnez aux cieux,
  Voyez notre peine,
Rendez tous les cœurs pieux,
  O vous, notre Reine !
Au séjour de l'innocence
Daignez rappeler un jour
Tous ceux que votre assistance
Rendit au bien, à l'amour.

Au Salut du Saint-Sacrement.

LA PRÉSENCE RÉELLE DE N.-S. JÉSUS-CHRIST DANS L'EUCHARISTIE.

Paroles tirées d'un cantique allemand ; musique de Glaser. — Cantiques de la P. S.-Etienne-du-Mont, p. 45.

Seigneur, rien ne surpasse
Le trésor de la foi :
Qui croit à votre grâce
De l'univers est roi.
Sous les humbles espèces
Il reconnaît son Dieu,
Et Dieu de ses tendresses
Remplit son cœur pieux.

Comme au sein de Marie
Jésus s'est incarné,
Il croit que sous l'hostie

Le Seigneur est caché.
Il croit à ce mystère
Du tendre et doux Sauveur,
Docile à la prière
Dont lui-même est l'auteur.

Il croit à la puissance
De ce Dieu bienfaisant
Par qui le monde immense
Fut tiré du néant ;
Il croit à la tendresse
Du Sauveur des humains ;
Il croit à la sagesse
De l'Esprit trois fois saint.

O présence adorable
Du Dieu qui nous créa,
De ce Dieu secourable
Qui pour nous s'immola.
Auguste sacrifice
Du plus grand des amours,
Que chacun te bénisse
Jusqu'au dernier des jours !

MEMORARE.

Paroles du R. P. Lefebvre ; musique de Lambillotte. — Chants à Marie, p. 9.

Souvenez-vous, ô tendre mère,
Qu'on n'eut jamais recours à vous
Sans voir exaucer sa prière,
Et dans ce jour exaucez-nous !

es siècles écoulés j'interroge l'histoire ;
our dire ses bienfaits ils n'ont tous qu'une voix.

Verrais-je en un seul jour s'obscurcir tant de gloire?
L'invoquerais-je en vain pour la première fois?
   Souvenez-vous, etc.

Marie aux vœux de tous prêta toujours l'oreille, etc. [1].

Après la bénédiction.

CANTIQUE DE MARIE.

Paroles du R. P. Lefebvre; musique du R. P. Lambillotte.
— Chants à Marie, p. 36.

  Gloire à Dieu! que toute la terre
    Tressaille d'amour!
  Le Seigneur a fait ce beau jour;
   Une vierge est sa mère!

Mon âme a tressailli : je sens, je sens mon cœur
Palpiter sous l'effort de son amour vainqueur;
  Je cède, et je livre mon âme
   A cette heureuse flamme.
Mon Dieu, mon Dieu triomphe, et c'est un Dieu
         [Sauveur.
  Gloire à lui! que toute la terre, etc. [2].

---

[1] Pour la suite du cantique, voir Chants à Marie, p. 13.
[2] Ibid., p. 38.

Le Vendredi à l'exercice du soir.

Après les prières du saint Rosaire.

HYMNES A DIEU.

Paroles de J. Racine; musique de ***. — Cantiques de la P. S.-Jacques-du-Haut-Pas, n° 40.

Les portes du jour sont ouvertes,
Le soleil peint le ciel de rayons éclatants :
Loin de nous cette nuit dont nos âmes couvertes
Dans le chemin du crime ont erré si longtemps.

Gloire à toi, Trinité profonde,
Père, Fils, Esprit saint ; qu'on t'adore toujours,
Tant que l'astre des temps éclairera le monde,
Et quand les siècles même auront fini leur cours.

Imitons la lumière pure
De l'astre étincelant qui commence son cours,
Ennemis du mensonge et de la fraude obscure ;
Et que la vérité brille en tous nos discours.

Gloire à toi, etc.

Que ce jour se passe sans crime ;
Que nos langues, nos mains, nos yeux, soient inno-
[cents ;
Que tout soit chaste en nous, et qu'un frein légitime
Aux lois de la raison asservisse les sens.

Gloire à toi, etc.

Du haut de ta sainte demeure
Un Dieu toujours veillant nous regarde marcher ;
Il nous voit, nous entend, nous observe à toute
[heure ;
Et la plus sombre nuit ne saurait nous cacher.

Gloire à toi, etc.

Astre que l'olympe révère,
Doux espoir des mortels rachetés par ton sang,
Verbe, fils éternel du redoutable Père,
Jésus, qu'une humble Vierge a porté dans son flanc.

  Gloire à toi, etc.

Affermis l'âme qui chancelle ;
Fais que, levant au ciel nos innocentes mains,
Nous chantions dignement et ta gloire immortelle
Et les biens dont ta grâce a comblé les humains.

  Gloire à toi, etc.

L'astre avant-coureur de l'aurore
Du soleil qui s'approche annonce le retour ;
Sous le pâle horizon l'ombre se décolore :
Lève-toi dans nos cœurs, chaste et bienheureux jour.

  Gloire à toi, etc.

Sois notre inséparable guide ;
Du siècle ténébreux perce l'obscure nuit ;
Défends-nous en tout temps contre l'attrait perfide
De ces plaisirs trompeurs dont la mort est le fruit.

  Gloire à toi, etc.

Que la foi dans nos cœurs gravée
D'un rocher immobile ait la stabilité ;
Que sur ce fondement l'espérance élevée
Porte pour comble heureux l'ardente charité.

Avant le sermon.

INVOCATION AU SAINT-ESPRIT.

Paroles de *** ; musique de Monpou. — Cantiques de
la P. S.-Thomas-d'Aquin, p. 18.

Je viens à vous, Seigneur, instruisez-moi :
L'homme sans vous ne nous peut rien apprendre ;

Vous seul pouvez enseigner votre loi ;
Vous seul au cœur pouvez le faire entendre.

Embrasez donc d'une céleste ardeur
Celui qui vient annoncer l'Evangile ;
Faites aussi, mon Dieu, que l'auditeur
Ait pour l'entendre un cœur humble et docile.

Mère de Dieu, refuge des pécheurs,
Priez Jésus, le Sauveur de nos âmes,
Qu'à sa parole il soumette nos cœurs,
Pour les remplir de ses divines flammes.

Après le sermon.

HOMMAGES A MARIE.

Paroles du R. P. Lefebvre; musique de Lambillotte. — Chants à Marie, p. 28.

De tous les cœurs le plus aimable
    Après le cœur
    Du Dieu sauveur ;
De tous les cœurs le plus semblable
Au cœur sacré du Rédempteur,
    C'est le cœur de Marie.
    Que tout dise en ce jour :
Au cœur d'une mère chérie
    Amour !... amour !...

Tout le sang que Jésus versa sur le Calvaire
    Au jour de sa grande douleur,
    Au jour d'amour et de colère,
    Il le fit jaillir de son cœur !..
Mais n'est-ce pas dans le cœur de sa mère
Que ce grand Dieu, victime de la terre,
Avait puisé ce sang, ce sang réparateur ?
    De tous les cœurs, etc. [1].

[1] Pour la suite du cantique, voir Chants à Marie, p. 38.

Autre cantique après le sermon.

COMPASSION DE LA SAINTE VIERGE.

Paroles tirées d'un cantique allemand ; musique de Breidenstein. — Cantiques de la P. S.-Etienne-du-Mont, p. 24.

O Vierge sainte, ô notre Mère !
  Nous voici près de vous,
Sur la montagne solitaire,
  Où Jésus meurt pour nous.

Qui pourrait dire votre peine,
  Vos soupirs et vos pleurs ?
Est-il donc un cœur qui ne saigne
  En voyant vos douleurs ?

Ah ! vous partagez le supplice
  De votre Fils chéri ;
Pour consommer le sacrifice,
  Vous restez près de lui.

Du ciel où vous brillez, ô Reine !
  Sur nous jetez les yeux ;
Que votre amour un jour nous mène
  Près de vous, dans les cieux !

Au Salut du Saint-Sacrement.

HOMMAGES AU CŒUR DE N.-S. JÉSUS-CHRIST.

Paroles de *** ; musique de Neukomm. — Cantiques de Neukomm, p. 64.

O Cœur divin, Cœur tout brûlant d'amour !
Embrasez-nous de vos célestes flammes :

Puissent nos chants célébrer en ce jour
Le tendre cœur de l'Epoux dans nos âmes.
    Venez, enfants, à pleines mains
    Jetez les lis de l'innocence,
    Et goûtez les plaisirs divins
    Qu'ici vous offre sa présence.

Ah! qu'il est doux, le don de votre cœur!
Des plaisirs purs la source intarissable,
Seul il peut faire ici notre bonheur :
Ah! qu'il est beau, consolant, adorable!
    Venez, enfants, etc.

Heureux celui qui dans le cœur divin
De l'amour puise à longs traits les prémices!
Ainsi toujours le brûlant séraphin
Au sein de Dieu s'enivre de délices.
    Venez, enfants, etc.

O mon Jésus! ô mon souverain bien!
Tels sont les vœux de mon âme ravie;
Puisse mon cœur reposer dans le tien!
Puisse mon cœur trouver en toi la vie!
    Venez, enfants, etc.

Céleste Epoux, ma vie et mon trésor,
A tes attraits ta grandeur est pareille;
Tes saintes lois sont plus riches que l'or;
Ton cœur plus doux que le miel de l'abeille.
    Venez, enfants, etc.

Hâte ce jour où, libre de mes fers,
De la colombe osant prendre les ailes,
J'irai, Seigneur, loin de cet univers,
Jouir en paix des douceurs éternelles.
    Venez, enfants, etc.

HOMMAGES AU CŒUR DE MARIE.

Paroles de *** ; musique de Neukomm. — Cantiques de Neukomm, p. 80.

Divin Cœur de Marie,
Cœur tout brûlant d'amour,
Cœur que la terre envie
Au céleste séjour;
Communique à nos âmes
Un rayon de ce feu
De ces divines flammes
Dont tu brûlas pour Dieu.

Sanctuaire ineffable
Où reposa Jésus,
O source intarissable
De toutes les vertus !
Percé sur le Calvaire
D'un glaive de douleur,
Tu ne vois sur la terre
Que mépris, que froideur.

Cœur tendre, Cœur aimable,
Des pécheurs le secours,
Leur malice exécrable
Te perce tous les jours.
Ah ! puissent nos hommages
Réparer aujourd'hui
Tant de sanglants outrages
Qu'on te fait à l'envi !

Montre-toi notre Mère;
De tes enfants chéris
Reçois l'humble prière,
Pour l'offrir à ton Fils.
Conduis-nous sous ton aile

Jusqu'au cœur de Jésus :
Une mère peut-elle
Essuyer un refus ?

Après la bénédiction.

LOUANGES AU CŒUR DE N.-S. JÉSUS-CHRIST.

Paroles de *** ; musique de ***. — Cantiques de la P. S.-Jacques-du-Haut-Pas, n° 26.

D'un Dieu plongé dans la tristesse,
Mortel, écoute les accents :
Je t'aime, hélas ! et ma tendresse
S'exhale en soupirs impuissants :
Enfant ingrat, cœur inflexible,
Mais toujours si cher à mon cœur,
Seras-tu toujours insensible
A mon amour, à ma douleur ?

Non, non, consolez-vous, Seigneur ;
De votre cœur blessé la voix attendrissante,
Dans ces jours d'opprobre et d'horreur,
Après tant de combats est enfin triomphante.

Triomphez donc, Cœur de Jésus !
Mon cœur est enchaîné, il est votre victoire :
Triomphez donc, Cœur de Jésus !
Vous serez à la fois mon amour et ma gloire.

Il nous invite, il nous appelle,
Nous captive par ses bienfaits ;
Ah ! qui de nous encore rebelle
Ferme le cœur à tant d'attraits !
En vous, Cœur mille fois aimable,
Notre âme a trouvé le repos,

Et le bonheur seul véritable
Dans vos charmes toujours nouveaux.

La paix, au sein de tous les maux,
Du cœur qui vous honore est l'heureux apanage,
Votre amour charme les travaux
Et les tristes ennuis d'un long pèlerinage.

Triomphez donc, etc.

Signe d'amour et d'espérance,
Auguste Cœur percé pour nous!
Enfant du ciel et de la France,
Nous nous rallions tous à vous.
Ah! puissent nos faibles hommages
Faire oublier nos attentats;
Puissions nous, après tant d'outrages,
Mourir plutôt que d'être ingrats.

Oui, c'en est fait, jusqu'au trépas,
Cœur sacré, par l'encens d'un faible sacrifice,
Des cœurs qui ne vous aiment pas,
Nous voulons réparer la coupable injustice.

Triomphez donc, etc.

Le Samedi à l'exercice du soir.

Après les prières du saint Rosaire.

HYMNES A DIEU.

Paroles de J. Racine; musique de ***. — Cantiques de la
P. S.-Jacques-du-Haut-Pas, n° 41.

Seigneur, tant d'animaux par toi, des eaux fécondes,
Sont produits à ton choix,

Que leur nombre infini peuple les mers profondes,
    Et les airs, et les bois !

Règne, ô Père éternel, Fils, Sagesse incréée,
    Esprit saint, Dieu de paix,
Qui fais changer des temps l'inconstante durée
    Et ne change jamais !

Ceux-là sont humectés des flots que la mer roule ;
    Ceux-ci de l'eau des cieux ;
Et, de la même source ainsi sortis en foule,
    Occupent divers lieux.
  Règne, etc.

Fais, ô Dieu tout-puissant, fais que tous les fidèles,
    A ta grâce soumis,
Ne retombent jamais dans les chaînes cruelles
    De leurs fiers ennemis.
  Règne, etc.

Que, par toi soutenu, le joug pesant des vices
    Ne les accable pas ;
Qu'un orgueil téméraire en d'affreux précipices
    N'engage point leurs pas.
  Règne, etc.

Créateur des humains, grand Dieu, souverain maître
    De ce vaste univers
Qui, du sein de la terre, à ton ordre vis naître
    Tant d'animaux divers !
  Règne, etc.

A ces grands corps sans nombre et différents d'espèce,
    Animés à ta voix,
L'homme fut établi par ta haute sagesse
    Pour imposer ses lois.
  Règne, etc.

Seigneur, qu'ainsi ta grâce à nos vœux accordée
    Règne dans notre cœur ;
Que nul excès honteux, que nulle impure idée
    N'en chasse la pudeur.
  Règne, etc.

Qu'un saint ravissement éclate en notre zèle ;
    Guide toujours nos pas ;
Fais, d'une paix profonde, à ton peuple fidèle,
    Goûter les doux appas !
  Règne, etc.

Avant le sermon.

INVOCATION AU SAINT-ESPRIT.

Paroles de *** ; musique de Neukomm. — Cantiques de
Neukomm, p. 85.

O Saint-Esprit ! donnez-nous vos lumières ;
Venez en nous pour nous embraser tous ;
Venez régler et former nos prières :
Nous ne pouvons faire aucun bien sans vous.

Priez pour nous, sainte Vierge Marie,
Obtenez-nous grâce auprès du Sauveur,
Pour écouter ses paroles de vie,
Et les garder comme vous dans nos cœurs.

Après le sermon.

HOMMAGES A MARIE.

Paroles du R. P. Lefebvre ; musique du R. P. Lambillotte.
— Chants à Marie, p. 68.

  Tendre Marie,
  Mère chérie,
  O vrai bonheur
    Du cœur !

Ma tendre mère,
En toi j'espère ;
Sois mes amours
Toujours !

Tout ce qui souffre sur la terre
En toi trouve un puissant secours :
Ton cœur entend notre prière,
Et ton cœur nous répond toujours.
    Tendre, etc.

Tu nous consoles dans nos peines, etc.

(Pour la suite du cantique, voir Chants à Marie, p. 140.)

Autre cantique après le sermon.

HOMMAGES A MARIE.

Paroles de *** ; musique de Neukomm. — Cantiques de Neukomm, p. 87.

A la Reine des cieux offrons un tendre hommage,
Réunissons pour elle et nos voix et nos cœurs.
    A chanter ses grandeurs
    Consacrons la fleur de notre âge. (A la Reine.)

Heureux celui qui, dès l'enfance,
Lui fait de soi-même le don,
    Et met son innocence
    A l'abri de son nom !   (A la Reine, etc.)

Aux yeux du Tout-Puissant elle fut toujours pure,
Chantons sur le péché son triomphe éclatant.
    Son cœur, même un instant,
    Ne reçut jamais de souillure. (Aux yeux, etc.)

Plus sainte que les chœurs des anges,
Des trônes et des Chérubins,

Elle a droit aux louanges
Des mortels et des saints. (Aux yeux, etc.)

Tout retrace à nos yeux l'éclat de sa puissance ;
Sans cesse qu'à sa gloire on dresse des autels.
Sur elle les mortels
Fondent leur solide espérance. (Tout, etc.)

Auprès de Dieu, dans leurs disgrâces,
Elle est le salut des humains,
Et la source des grâces
Vient à nous par ses mains. (Tout, etc.)

Elle est et notre Reine et notre tendre mère ;
Vivons sous son empire, annonçons ses bienfaits.
On n'est jamais trompé
Lorsqu'en sa bonté l'on espère. (Elle est, etc.)

Toujours sa tendresse facile
Se rend sensible à nos malheurs ;
Elle est toujours l'asile
Et l'espoir des pécheurs. (Elle est, etc.)

O Vierge toujours sainte ! ô mère toujours tendre !
Soyez, soyez propice aux vœux de vos enfants.
Que sur nos jeunes ans
Vos faveurs viennent se répandre ! (O Vierge.)

De votre bonté salutaire
Daignez nous prêter le secours ;
Montrez-vous notre mère
Maintenant et toujours. (O Vierge, etc.)

Au Salut du Saint-Sacrement.

NOTRE PÈRE QUI ÊTES AUX CIEUX.

Paroles de l'oraison dominicale ; musique de Breidenstein. — Cantiques de la P. S.-Etienne-du-Mont, p. 57.

Notre Père, qui dans les cieux régnez,
Qu'il soit béni sur cette terre,
Votre nom tutélaire ;
En nos cœurs descendez :
Que votre loi sainte
Et des humains et des anges soit crainte.
Donnez-nous chaque jour   (bis.)
Le pain de votre amour.

Ah ! pardonnez-nous l'offense :
Nous avons pardonné, montrez votre clémence ;
Protégez nos cœurs contre le démon ;
Délivrez-nous de la tentation.

Tout ce qui respire meurt demain...
Votre empire, ô Dieu ! seul est sans fin.
Amen.

PRIÈRE A MARIE.

Paroles de *** ; musique de Neukomm. — Cantiques de Neukomm, p. 76.

Triomphons, notre Mère est au sein de la gloire ;
Jusques aux cieux, où son trône est placé,
Le seul espoir dont mon cœur est flatté
Est de voir ses enfants partager sa victoire.

Reine des cieux, de vos enfants
Reconnaissez, écoutez le langage ;
Ils osent de leur cœur vous présenter l'hommage,

Vous exprimer leurs sentiments.
Guidés par la reconnaissance,
Ils bénissent votre clémence.
Toujours vous plaire est leur désir,
Vous aimer fait leur seul plaisir. (Triomphons.)

C'est dans son cœur que désormais,
Pour être heureux, j'ai fait choix d'un asile ;
Mes jours sont plus sereins, mon âme est plus tran-
Et mon esprit goûte la paix. [quille,
Dans cette aimable solitude,
L'aimer est mon unique étude ;
Son tendre cœur fut mon berceau,
Dans son cœur sera mon tombeau. (Triomphons.)

Après la bénédiction.

ACTIONS DE GRACES.

Paroles du R. P. Lefebvre ; musique de Lambillotte. — Chants à Marie, p. 137.

Il faut quitter le sanctuaire
Où j'ai retrouvé le bonheur ;
Mais je veux auprès de ma mère,
Je veux ici laisser mon cœur.

Je pars ; adieu, mère chérie,
Adieu, ma joie et mes amours !
Toujours je t'aimerai, Marie,
    Toujours.

J'avais le cœur si plein de larmes, etc.

(Pour la suite du cantique, voir Chants à Marie, p. 140.)

FIN.

OFFICE DU SAINT-ROSAIRE

DE LA SAINTE VIERGE.

(EN FRANÇAIS.)

A TIERCE.

Ant. Un grand cri s'est fait entendre sur la mer : on a entendu un bruit affreux; les habitants des côtes de la mer ont été saisis de trouble, et tous les hommes de guerre sont demeurés dans le silence.

CAPITULE. *Sagesse*, 10.

Elle a délivré le peuple juste des nations qui l'opprimaient ; elle s'est élevée avec des signes et des prodiges contre des rois redoutables : elle a conduit les justes par une voie admirable ; elle les a fait passer à travers les eaux profondes : elle a enseveli leurs ennemis dans la mer. Ainsi les justes ont remporté les dépouilles des impies. ℞. Rendons grâces à Dieu.

℞. br. Il a précipité dans la mer les chariots et toute l'armée. * Allel., allel. Il a précipité. ℣. Les plus grands d'entre ses princes ont été submergés dans la mer. * Alleluia, allel. Gloire au Père. Il a précipité.

℣. Votre droite, Seigneur, s'est signalée, et a fait éclater sa force. ℞. Votre droite a frappé l'ennemi de votre peuple.

La Collecte de la Messe.

A LA PROCESSION.

℞. Le Seigneur a fait connaître au monde son salut; il a manifesté sa justice aux yeux des nations; * il s'est ressouvenu de sa miséricorde et de ses fidèles promesses à la maison d'Israël. ℣. Toutes les générations m'appelleront heureuse, parce que celui qui est puissant a opéré en moi de grandes choses. * Il s'est souvenu. Gloire. * Il s'est souvenu. *Ps.* 97. *Luc,* 1.

℣. Il les a sauvés à cause de son nom. ℞. Afin de leur faire connaître sa toute-puissance. *Ps.* 105.

Oraison.

Ecoutez, Seigneur, la prière de vos serviteurs, et accordez à nous tous qui sommes rassemblés pour célébrer la fête du saint Rosaire de la Vierge Mère de Dieu, la grâce d'être délivrés, par votre puissant secours et par son intercession, des pressants dangers qui nous menacent; par Jésus-Christ, notre Seigneur.

A LA MESSE.

Introït.

Le Seigneur a accompli en moi, sa servante, la miséricorde qu'il a promise à la maison d'Israël; il a mis à mort par ma main l'ennemi de son peuple.

Ps. Louez tous le Seigneur, parce qu'il est bon, parce que sa miséricorde s'étend dans tous les siècles. Gloire au Père. Le Seigneur.

Collecte.

O Dieu, vous connaître est la consommation de la justice, et connaître Jésus-Christ, votre Fils unique,

que vous avez envoyé, est la vie éternelle : accordez-nous qu'en méditant avec piété, par le saint Rosaire de la bienheureuse Vierge Marie, les mystères sacrés de l'Incarnation, de la Passion et de la Résurrection de ce divin Fils, nos esprits en soient si remplis, et nos cœurs tellement pénétrés que, par la puissante intercession de cette sainte Mère de Dieu, que nous nous efforçons de mériter par les glorieuses félicitations et les humbles supplications que nous ne cessons de lui adresser, nous parvenions à cette heureuse vie ; par le même notre Seigneur Jésus-Christ, etc.

ÉPÎTRE.

Du livre de l'Ecclésiastique. Chap. 24.

Elle sera honorée en Dieu ; sa gloire éclatera au milieu de son peuple ; elle ouvrira sa bouche dans les assemblées du Très-Haut, et la force dont il l'a revêtue sera pour elle le sujet d'une grande gloire : elle sera élevée au milieu de son peuple, et elle sera admirée dans l'assemblée de tous les Saints. Elle recevra des louanges parmi la multitude des élus, et sera bénie de ceux qui seront bénis de Dieu. Elle dira : J'ai habité dans des lieux très-hauts, et mon trône est dans une colonne de nuée : j'ai pénétré la profondeur des abîmes ; j'ai marché sur les flots de la mer ; j'ai parcouru toute la terre ; j'ai eu l'empire sur tous les peuples et sur toutes les nations. Parmi toutes ces choses, j'ai cherché un lieu de repos et une demeure dans l'héritage du Seigneur. Alors le Créateur de l'univers m'a parlé et m'a fait connaître sa volonté : celui qui m'a créée a reposé dans mon tabernacle, et il m'a dit : Habitez dans Jacob ; qu'Israël soit votre héritage, et prenez racine dans mes élus. Je ne cesserai point d'être dans la suite de tous les âges, et j'ai exercé devant lui mon ministère dans la sainte demeure. J'ai été ainsi affermie dans Sion ; j'ai trouvé mon repos dans la cité sainte, et ma puissance est établie dans Jérusalem. J'ai pris racine dans le peuple que le Seigneur a honoré, dont l'héritage est le partage de mon Dieu, et j'ai établi ma demeure dans l'assemblée de tous les Saints. J'ai été élevée comme les cèdres du Liban et comme les cyprès de la montagne de Sion. J'ai étendu mes branches comme une térébinthe, et mes branches sont des branches d'honneur et de gloire. J'ai poussé des fleurs d'une agréable odeur, comme la vigne, et mes fleurs sont des fruits de gloire et d'abondance. Je suis la mère du bel amour, de la crainte, de la science et de l'espérance sainte. En moi est toute la grâce de la voie et de la vérité ; en moi est toute l'espérance de la vie et de la vertu. Venez à moi, vous tous qui me désirez avec ardeur, et remplissez-vous des fruits que je porte.

GRADUEL.

Le Seigneur a opéré la rédemption de son peuple : il a fait une alliance avec lui pour toute l'éternité : sa louange subsiste dans tous les siècles. ℣. Le Tout-Puissant a fait en moi de grandes choses ; il a dissipé ceux qui s'élevaient d'orgueil dans les pensées de leur cœur : il a fait descendre les grands de leur trône, et a élevé les petits.

Alleluia.

℣. Dieu est avec nous, il a signalé sa puissance : louez le Seigneur notre Dieu, qui n'a point abandonné ceux qui ont espéré en lui. Alleluia.

PROSE.

L'auguste solennité ! Elle embrasse toute la religion. En honorant aujourd'hui Marie, nous adorons l'Homme-Dieu, et nous rappelons tous les mystères de son amour.

C'est un devoir bien doux de publier en ce beau jour les sentiments d'amour dont le Fils et la Mère sont animés pour nous; mais nous avons encore plus à cœur de pénétrer des mêmes sentiments nos âmes reconnaissantes, et de les leur offrir avec l'accent de la plus tendre piété.

Oh! avec quelle joie le Verbe vient s'incarner dans le chaste sein d'une Vierge si pure! Il n'est donné à nul homme de dire quelle est la sainteté du tabernacle où le Dieu fait homme vient habiter.

Cette Vierge, qui a conçu l'Eternel, traverse avec promptitude les montagnes de la Judée : Jean, sanctifié par la présence du Sauveur des hommes, tressaille d'allégresse dans le sein d'Elisabeth.

Le Messie, engendré de toute éternité par son Père, naît dans le temps d'une Vierge; Marie, muette d'admiration, adore son Fils couché dans la crèche et le couvre de ses tendres embrassements.

Fidèle observatrice de la loi, Marie présente son Fils au temple, et l'y offre à Dieu. C'est dans le temple encore qu'elle le retrouve, lorsque, pour accomplir ce qui regardait le service de son Père, il s'était séparé de sa compagnie.

Jésus, que son amour a rendu victime volontaire pour nos péchés, prie prosterné en terre; il tombe dans une agonie cruelle; une sueur de sang découle de toutes les parties de son corps.

Ce corps innocent est déchiré par mille coups de fouet que de barbares bourreaux déchargent sur lui avec la plus impitoyable fureur; sa tête sacrée est couronnée d'épines.

Véritable Isaac, Jésus porte sa croix, le bois de son sacrifice : son amour est le feu qui consumera l'holocauste. En mourant, il nous rend tous les droits à l'héritage de notre Père céleste, et par ses dernières paroles il nous donne Marie pour mère.

Bientôt il sort plein de gloire du tombeau : il consomme son triomphe en s'élevant dans les cieux par la vertu de sa divinité. C'est de là qu'il envoie le Saint-Esprit sur la terre, et qu'il comble les hommes de tous ses dons.

L'amour sacré qui brûle dans le cœur de Marie, les soupirs ardents qu'elle pousse sans cesse vers son Fils brisent peu à peu les liens qui la retenaient sur la terre. Elle est enlevée au ciel, et y reçoit, par la pleine possession du Dieu qu'elle aime, la récompense de ses sublimes vertus.

Oh ! qui pourrait exprimer les ravissements et les transports de cette auguste Mère à l'aspect de la gloire qui environne son Fils ! Qui pourrait raconter tout ce que fait ce Fils tout-puissant pour une Mère si tendrement aimée et si remplie de mérites !

Placée sur le trône le plus élevé, n'ayant que Dieu au-dessus d'elle, elle est le canal par où toutes les grâces coulent avec abondance sur les hommes, et un rempart puissant contre tous leurs ennemis.

Par sa protection puissante, des monstres pleins de fureur furent terrassés. L'infidèle Musulman a vu ses plus puissantes flottes submergées, ses plus formidables armées mises en déroute ; la redoutable hérésie a vu ses autels sacriléges renversés.

Pleins de confiance, adressons nos vœux à cette puissante Reine des cieux ; mais, pour être dignes de sa protection, imitons les vertus que nous honorons en elle.

Comme Marie, préparons à Jésus une demeure dans un cœur chaste et innocent : soutenus par sa grâce, surmontons avec courage tout ce qui s'opposerait à son règne dans nos âmes.

Par un heureux changement, renaissons à une vie toute divine. Que Jésus naissant en nous, nous croissions comme lui tous les jours en grâce, en sagesse et en vertu.

Pleurons nos péchés ; mêlons nos larmes au sang qu'a versé pour nous notre divin Rédempteur. Faisons pénitence ; que les œuvres de la mortification chrétienne soient comme les épines qui percent et pénètrent nos cœurs.

Connaissant à quel prix nous avons été rachetés, portons tous les jours la croix de Jésus. Mourons avec lui, mourons au monde et à nous-mêmes ; prenons Marie pour guide, et attachons-nous à suivre ses pas.

Dégageons nos cœurs de toute affection pour les biens et les plaisirs ; élevons sans cesse nos regards et nos soupirs vers les biens du ciel, afin qu'un jour, délivré des liens de ce corps de péché, nous méritions de le posséder à jamais. Ainsi soit-il.

ÉVANGILE.

Suite du saint Évangile selon saint Luc. Chap. 1.

En ce temps-là l'Ange Gabriel fut envoyé de Dieu en une ville de Galilée appelée Nazareth, à une Vierge qu'un homme de la maison de David, nommé Joseph, avait épousée ; et cette Vierge s'appelait Marie. L'ange étant entrée où elle était, lui dit : Je vous salue, ô pleine de grâce, le Seigneur est avec vous : vous êtes bénie entre toutes les femmes. Mais elle, l'ayant entendu, fut troublée de ses paroles, et elle pensait en elle-même quelle pouvait être cette salutation. L'ange lui dit : Ne craignez point, Marie, car vous avez trouvé grâce devant Dieu. Vous concevrez dans votre sein, et vous enfanterez un Fils à qui vous donnerez le nom de Jésus. Il sera grand, et sera appelé le Fils du Très-Haut. Le Seigneur Dieu lui donnera le trône de David : il régnera éternellement sur la maison de Jacob, et son règne n'aura point de fin.

OFFERTOIRE.

Rendez tous des actions de grâces au Seigneur, parce qu'il est bon; parce que sa miséricorde s'étend dans tous les siècles. Alors tous adorant le Seigneur, dirent : Le Seigneur vous a bénie ; il vous a revêtue de sa force, et il a détruit par vous tous nos ennemis.

SECRÈTE.

Que votre esprit, Seigneur, qui sanctifie ces dons, purifie nos cœurs : et daignez favoriser de vos grâces ceux qui célèbrent la solennité du Rosaire en l'honneur de la bienheureuse Marie, votre Mère ; afin que, méditant sur la terre vos ineffables mystères accomplis en elle, nous méritions après cette vie d'en recueillir et d'en goûter les fruits dans le ciel. Vous qui vivez, etc.

PRÉFACE DE LA SAINTE VIERGE.

..... Et dans la solennité du très-saint Rosaire de la bienheureuse Marie toujours Vierge, etc.

COMMUNION.

Fille de Sion, chantez des cantiques de louanges : fille de Jérusalem, soyez remplie de joie. Le Seigneur a effacé l'arrêt de condamnation : il a éloigné les ennemis. Le roi d'Israël est au milieu de vous : vous ne craindrez plus à l'avenir aucun mal.

POST-COMMUNION.

O Dieu, dont le Fils unique nous a acquis par les

mystères de sa vie, de sa mort et de sa résurrection, le droit au salut éternel, accordez à ceux que vous avez nourris du pain céleste, dans cette solennité du saint Rosaire en l'honneur de la bienheureuse Vierge Marie, la grâce de méditer avec fruit ces saints mystères ; afin que nous imitions les vertus qu'ils renferment, et que nous parvenions à la gloire qu'ils nous promettent. Par le même.

A SEXTE.

Ant. Le Seigneur envoya une peste en Israël ; (David) invoqua le Seigneur, et le Seigneur ordonna à l'ange de remettre le glaive dans son fourreau.

CAPITULE. 2 *Paralip.* 6.

Si la famine et la peste viennent ravager la terre, et que le peuple se trouve pressé de toutes sortes de maux et de maladies, élevant ses mains vers vous, vous l'exaucerez du haut du ciel, ce lieu élevé de votre demeure, et vous lui serez favorable, afin qu'ils vous craignent, et qu'ils marchent dans vos voies tous les jours qu'ils vivront sur la terre. ℟. Rendons grâces à Dieu.

℟. br. Il les a délivrés des nécessités pressantes où ils se trouvaient. * Alleluia, alleluia. Il les a délivrés. ℣. Il les a fait sortir des ténèbres et de l'ombre de la mort. * Alleluia, alleluia. Gloire au Père. * Il les a délivrés.

℣. Il les a guéris et les a tirés de la mort. ℟. Que les miséricordes du Seigneur soient le sujet de leurs louanges, qu'il soit loué à cause des merveilles qu'il fait en faveur des enfants des hommes.

La Collecte de la Messe.

A NONE.

Ant. Son souvenir sera doux comme le miel à la bouche de tous les hommes : elle a exterminé les abominations de l'impiété, et dans un temps de crimes elle s'est affermie dans la vertu.

CAPITULE. *Isaïe, 32-33.*

La paix sera l'ouvrage de la justice : mon peuple se reposera dans la beauté de la paix, dans des tabernacles de confiance, et dans un repos plein d'abondance. Vous qui êtes loin de moi, écoutez ce que j'ai fait, et vous qui êtes proche, reconnaissez les effets de ma puissance. Les pécheurs ont été épouvantés en Sion, la frayeur a saisi les hypocrites. ℟. Rendons grâces à Dieu.

℟. *br.* Vous haïssez, ô mon Dieu ! * tous ceux qui commettent l'iniquité. * Alleluia, alleluia. Vous haïssez. ℣. Vous perdrez tous ceux qui profèrent le mensonge. * Alleluia. Gloire au Père. Vous haïssez.

℣. Que tous ceux qui mettent leur espérance en vous se réjouissent. ℟. Et tous ceux qui aiment votre saint nom se glorifieront en vous.

La Collecte de la Messe.

AUX IIes VÊPRES.

PSAUMES DU PETIT OFFICE DE LA SAINTE VIERGE.

Ps. 109. Dixit Dominus, *au Dimanche, à Vêpres*s.

Ant. Le Seigneur vous a bénie, il vous a soutenue de toute sa force, et il a renversé par vous tous ses ennemis.

Ps. 3. Laudate, pueri, *au Dimanche, à Vêpres.*

Ant. Vous êtes celle que le Seigneur, le Dieu Très-Haut, a bénie plus que toutes les femmes qui sont sur la terre.

Ps. 121. Lætatus sum, *le Mardi, à Vêpres.*

Ant. Vous êtes bénie entre toutes les femmes, car vous avez trouvé grâce devant Dieu.

Ps. 126. Nisi Dominus, *le Mercredi, à Vêpres.*

Ant. Il n'y a rien à reprendre dans vos paroles. Nous vous supplions donc de prier pour nous, car vous êtes une femme sainte.

Ps. 147. Lauda Jerusalem, *à l'Office du S. Sacrement.*

Ant. Souvenez-vous des jours de votre abaissement : invoquez donc le Seigneur ; parlez pour nous au Roi, et délivrez-nous de la mort.

CAPITULE. *Judith,* 15.

Tous d'une voix l'ont bénie, en lui disant : Vous êtes la gloire de Jérusalem : Vous êtes la joie d'Israël : Vous êtes l'honneur de votre peuple, car vous avez agi avec un courage mâle, et votre cœur s'est affermi. La main du Seigneur vous a fortifiée, et vous serez bénie éternellement.

℟. Rendons grâces à Dieu.

HYMNE.

O vous dont le cœur tendre a pu soutenir le spectacle d'un Fils expirant en croix ; vous qui avez partagé tous ses tourments, daignez être sensible à nos vœux.

Maintenant que vous régnez au haut des cieux, vous ne voyez que Dieu au-dessus de vous ; vous participez au triomphe de votre Fils, et le bonheur dont vous jouissez vous dédommage des maux que vous avez soufferts.

Votre puissance est sans bornes ; Mère de Dieu, pourriez-vous demander en vain? Vous aimez à exaucer nos prières, et vous nous chérissez comme vos enfants.

Que les villes vous réclament au milieu des fléaux qui les désolent ; aussitôt vous exaucez leurs vœux : les maladies cessent ; l'air a perdu sa malignité, et l'abondance succède aux horreurs de la famine.

L'hérésie, toujours vouée à l'erreur, marchait avec orgueil sur les débris de l'ancienne doctrine ; sa main sacrilége se baignait dans le sang, renversait les autels ; la religion allait succomber sous ses coups impies.

Marie jette un regard de mère sur son peuple ; la discorde fait place à la paix ; les temples sortent de leurs ruines, et le monstre qui les renversait rentre au fond des enfers.

Une nation infidèle, toujours ennemie du nom adorable de la croix, réunit tous ses efforts : Mère de grâce, venez à notre aide ; le sang de nos ennemis va rougir les flots.

Combien de fois les peuples affligés n'ont-ils pas reçu des témoignages de votre puissante intercession ! La France surtout en a ressenti les effets, et sa reconnaissance en célébrera à jamais la mémoire.

Gloire au Père qui a voulu donner une mère à son Fils : gloire au Fils dont une Vierge a été la mère : gloire au Saint-Esprit qui a rendu cette Vierge féconde. Ainsi soit-il.

℣. Venez, mes enfants, écoutez-moi. ℟. Je vous enseignerai la crainte du Seigneur.

A Magnificat.

Ant. Je vous avertis de votre devoir comme mes

très chers enfants. Soyez donc mes imitateurs, je vous en conjure, comme je le suis moi même de Jesus Christ.

La Collecte de la Messe.

Mémoire du Dimanche occurrent.

A COMPLIES

Psaumes du Dimanche

Ant. Revêtez vous de la beauté et de l'honneur que vous départ le Dieu de la gloire eternelle.

Hymne, Virgo Dei Genitrix *Capitule et* ℟. *bref, comme dans les différents Livres d'Office.*

A Nunc dimittis

Ant. Celui qui m'a créée a reposé dans mon tabernacle, et il m'a dit Habitez dans Jacob. J'ai eté ainsi affermie dans Sion, et j'ai établi ma demeure dans l'assemblée des Saints.

ERRATA DANS L'INDICATION DE LA MUSIQUE

Page 50 Paroles de, etc, lisez musique de ***, cantiques de la P. S. Jacques du Haut Pas, n° 4

Page 61 Paroles de, etc., lisez musique de ***, cantiques de la P. Saint Jacques du Haut Pas, n° 5

Page 63 Paroles de, etc, lisez musique de ***, cantiques de la P. Saint Jacques du Haut Pas, n° 6

Page 70 Paroles de, etc, lisez musique de ***, cantiques de la P. Saint Jacques du Haut Pas, n° 7

Page 74 Paroles de, etc, lisez musique de ***, cantiques de la P. Saint Jacques du Haut Pas, n° 8.

Page 75 Paroles de, etc, lisez musique de ***, cantiques de la P. Saint Jacques du Haut Pas, n° 9

Page 84 : Paroles de, etc., lisez musique de *** ; cantiques de la P. Saint-Jacques-du-Haut-Pas, n° 10.
Page 90 : Paroles de, etc., lisez musique de *** ; cantiques de la P. Saint-Jacques-du-Haut-Pas, n° 11.
Page 92 : Paroles de, etc., lisez musique de *** ; cantiques de la P. S.-Jacques-du-Haut-Pas, n° 12.
Page 93 : Paroles de, etc., lisez musique de *** ; cantiques de la P. Saint-Jacques-du Haut-Pas, n° 13.
Page 95 : Paroles de, etc., lisez musique de *** ; cantiques de la P. Saint-Jacques-du-Haut-Pas, n° 14.
Page 96 : Paroles de, etc., lisez musique de *** ; cantiques de la P. Saint-Jacques-du-Haut-Pas, n° 15.
Page 103 : Paroles de, etc., lisez musique de *** ; cantiques de la P. Saint-Jacques-du-Haut-Pas, n° 16.
Page 112 : Paroles de, etc., lisez musique de *** ; cantiques de la P. Saint-Jacques-du-Haut-Pas, n° 17.
Page 113 : Paroles de, etc., lisez musique de *** ; cantiques de la P. Saint-Jacques-du-Haut-Pas, n° 18.
Page 115 : Paroles de, etc., lisez musique de *** ; cantiques de la P. Saint-Jacques-du-Haut-Pas, n° 19.
Page 116 : Paroles de, etc., lisez musique de *** ; cantiques de la P. Saint-Jacques-du-Haut-Pas, n° 20.
Page 117 : Paroles de, etc., lisez musique de *** ; cantiques de la P. Saint-Jacques-du-Haut-Pas, n° 21.
Page 121 : Paroles de, etc., lisez musique de *** ; cantiques de la P. Saint-Jacques-du-Haut-Pas, n° 22.
Page 122 : Paroles de, etc., lisez musique de *** ; cantiques de la P. Saint-Jacques-du-Haut-Pas, n° 23.
Page 123 : Paroles de, etc., lisez musique de *** ; cantiques de la P. Saint-Jacques-du-Haut-Pas, n° 24.
Page 129 : Paroles de, etc., lisez musique de *** ; cantiques de la P. Saint-Jacques-du-Haut-Pas, n° 25.
Page 133 : Paroles de, etc., lisez musique de *** ; cantiques de la P. Saint-Jacques-du-Haut-Pas, n° 26.
Page 135 : Paroles de, etc., lisez musique de *** ; cantiques de la P. Saint-Jacques du-Haut-Pas, n° 26, a.
Page 136 : Paroles de, etc., lisez musique de *** ; cantiques de la P. Saint-Jacques-du-Haut-Pas, n° 27.
Page 144 : Paroles de, etc., lisez musique de *** ; cantiques de la P. Saint-Jacques-du-Haut-Pas, n° 28.

TABLE DES MATIÈRES.

Principaux Exercices de piété de la Confrérie.   5
Office du saint Rosaire (en latin).   11
Petites Vêpres de la sainte Vierge.   26
Litanies de la sainte Vierge.   30
Salut du Saint-Sacrement.   33
Acte de consécration à la sainte Vierge.   35

Cantiques pour les Messes de Confrérie les jours de fêtes.
   Par les chants les plus magnifiques.   39
   Mon bien-aimé ne paraît pas encore.   41
   Quel beau jour, quel bonheur suprême!   42
   Qu'ils sont aimés, grand Dieu, tes tabernacles!   43
   L'encens divin embaume cet asile.   44
Cantiques pour les Messes de Confrérie, les premiers dimanches du mois.
   Mon divin maître.   46
   Tu vas remplir le vœu de ma tendresse.   47
   O prodige d'amour, spectacle ravissant!   48
   Je l'ai trouvé, le seul objet que j'aime.   49
   Vous que mes vœux appellent dès l'aurore.   50
Cantiques pour les exercices du soir, les dimanches et fêtes de l'année. — Premier dimanche de l'Avent.
   Tout à l'âme pure.   51
   Dieu de gloire.   52
Deuxième dimanche de l'Avent et Conception de la sainte Vierge.
   O Vierge Marie.   52
   Quelle est donc cette aurore nouvelle?   54
Troisième et quatrième dimanche de l'Avent.
   Le Dieu que nos soupirs appellent.   54
   O Dieu de clémence!   55
Saint jour de Noël.
   O sainte nuit!   57
   J'entends là-bas dans la plaine.   58
Dimanche avant l'Épiphanie.
   Dans cette étable.   59
   Agneau de Dieu, Jésus la douceur même.   61

Épiphanie.
    O saint berceau !   61
    Amour, honneur, louanges.   63
Deuxième dimanche après l'Épiphanie.
    Sais-tu combien d'astres brillent.   64
    Dieu seul est grand.   65
Troisième dimanche après l'Épiphanie.
    Celui dont la puissance.   66
    Lentement l'ombre s'abaisse.   67
Quatrième dimanche après l'Épiphanie.
    Vos bienfaits, ô notre Père !   67
    Exauce la prière.   68
Cinquième dimanche après l'Épiphanie.
    Au sein de l'ombre et du mystère.   68
    Êtres créés, chantez le Créateur.   70
Sixième dimanche après l'Épiphanie.
    Les cieux instruisent la terre.   70
    Du roi des cieux tout célèbre la gloire.   73
Présentation de notre Seigneur Jésus-Christ et Purification de la sainte Vierge.
    O prodige ! ô merveille ! un Dieu se sacrifie.   74
    La mort peut de son ombre.   75
Septuagésime.
    Combien vite il s'écoule.   76
    Vous dont le trône est au plus haut des cieux.   77
Sexagésime.
    Livre, chrétien, livre à la terre.   78
    Mortel, que l'honneur te conseille.   79
Quinquagésime.
    Vers vous, ô Dieu ! mon cœur soupire.   79
    Dieu tout-puissant, nous te prions.   80
Premier dimanche de Carême.
    A la mort, à la mort.   80
    Dieu va déployer sa puissance.   81
Deuxième dimanche de Carême.
    Au sein des flammes dévorantes.   83
    Quelle fatale erreur, quel charme nous entraîne.   84
Troisième dimanche de Carême.
    Reviens, pécheur, à ton Dieu qui t'appelle.   86
    Grâce, grâce ! Seigneur, arrête tes vengeances.   88
Quatrième dimanche de Carême.
    Puniras-tu, Seigneur, dans ta justice.   8

  Comment goûter quelque repos.   90
Annonciation de la sainte Vierge.
  Cesse enfin, nature humaine.   92
  Je vous salue, ô reine des vertus!   93
Compassion de la sainte Vierge.
  O Vierge sainte, ô notre Mère.   94
  Debout, sur le mont du Calvaire.   94
  O croix, cher gage.   95
Dimanche de la Passion et des Rameaux.
  Au sang qu'un Dieu va répandre.   96
  Est-ce vous que je vois, ô mon maître adorable!   98
Saint jour de Pâques.
  Vers vous, Seigneur, monte un long cri de gloire.   100
  Le Seigneur règne.   101
Premier dimanche après Pâques.
  Salut, jour béni!   102
  L'astre du jour commence sa carrière.   103
Deuxième dimanche après Pâques.
  Ah! voyez dans la prairie.   105
  Du haut du ciel, ô notre Père.   105
Troisième dimanche après Pâques.
  Bien loin de la terre.   106
  Bienheureux est la mort sainte!   107
Quatrième dimanche après Pâques.
  Honneur à la vérité.   108
  Seigneur, rien ne surpasse.   109
Cinquième dimanche après Pâques.
  Aux douceurs de l'espérance.   110
  Au Tout-Puissant, louanges, honneur.   111
Ascension.
  Quel spectacle s'offre à ma vue.   112
  O ciel si beau, magnifique demeure.   113
Dimanche après l'Ascension.
  O jour dont le bonheur remplit notre espérance.   115
  Bénissons à jamais.   116
Pentecôte.
  Du bonheur on parle sans cesse.   117
  Esprit saint, Dieu de lumière.   120
Sainte Trinité.
  Source ineffable de lumière.   121
  O toi qu'un voile épais nous cache.   122

Fête-Dieu, premier dimanche.
    Allons parer le sanctuaire. 123
    Quoi! dans le temple de la terre. 124
Fête-Dieu, deuxième dimanche.
    Aux chants de la victoire. 125
    Aux chants de la reconnaissance. 127
Saint Pierre et saint Paul.
    Permettras-tu que ton culte périsse. 128
    Elle triomphera cette Eglise immortelle. 129
Visitation de la sainte Vierge.
    Reine des cieux, ô notre mère. 129
    Adressons notre hommage. 130
Sacré Cœur de Jésus.
    Cœur de Jésus, Cœur à jamais aimable. 131
    D'un Dieu plongé dans la tristesse. 133
    Cœur de Jésus, Cœur embrasé d'amour. 135
Saint Vincent de Paul.
    Les méchants m'ont vanté leurs mensonges frivoles. 136
    Aimons le pauvre, adoucissons sa peine. 137
Susception de la sainte Croix.
    Célébrons la victoire. 138
    Pourquoi ces noirs complots, ô peuples de la terre? 151
Assomption de la sainte Vierge.
    A la Reine des cieux. 143
    Triomphez, Reine des cieux. 144
Dimanche après l'Assomption.
    Notre Mère a fui loin de nous. 146
    Je vous salue, auguste et sainte Reine. 146
Nativité de la sainte Vierge.
    Chrétiens, célébrons le jour. 147
    Quel beau jour vient s'offrir à notre âme ravie! 148
Solennité du saint Rosaire.
    Heureux qui du cœur de Marie. 150
    Mère de Dieu, quelle magnificence! 152
    Vous en êtes témoins, anges du sanctuaire. 153
Fête de tous les Saints
    Chantons les combats et la gloire. 154
    Sainte cité, demeure permanente. 155
Commémoration des Morts.
    Au fond des brûlants abîmes. 156
    Délivre-moi, Seigneur, de la mort éternelle. 157

Dimanche après la Toussaint.
    Heureux qui dès son enfance.   159
    Goûtez, âmes ferventes.   160
Dédicace de l'Eglise.
    Temple, témoin des premiers vœux.   162
    Quand l'eau sainte du baptême.   163
Présentation de la sainte Vierge.
    O divine Marie.   165
    Salut, à vous, ô Vierge aimable !   167
Dimanches après la Pentecôte, sans cantiques propres.
    Voir à la page 167.

CANTIQUES POUR LE MOIS DE MARIE.

Le dimanche à l'exercice du soir.
    O toi qui d'un œil de clémence.   169
    Demeure en nous, grâce de Jésus-Christ.   171
    Reçois nos hommages.   171
    O Vierge Marie.   172
    Notre Mère a fui loin de nous.   173
    Je vois s'ouvrir l'auguste tabernacle.   174
    Mère de Dieu, quelle magnificence.   174
    Vous en êtes témoins, anges du sanctuaire.   175
Le lundi à l'exercice du soir.
    Tandis que le sommeil reposant la nature.   176
    Toi dont la divine flamme.   178
    Enfants à l'autel de Marie.   179
    Reine des cieux, ô notre Mère.   180
    Sur cet autel.   180
    A mon secours.   181
    Salut, étoile du matin.   182
Le mardi à l'exercice du soir.
    Source ineffable de lumière.   182
    Gloire, gloire, gloire au Saint-Esprit.   185
    Nous qu'en ces lieux combla de ses bienfaits.   185
    Par le chant, l'harmonie.   187
    Je te salue, ô pain de l'ange.   188
    O ma Reine, ô Vierge Marie.   189
    Heureux qui du Cœur de Marie.   190
Le mercredi à l'exercice du soir.
    Grand Dieu qui vit les cieux se former sans matière.   192
    Esprit saint, Dieu de lumière.   194

— 240 —

Reine du ciel, maîtresse de la terre.	195
Quelle est donc cette aurore nouvelle.	196
O roi des cieux.	196
Sainte Vierge Marie.	197
Dans nos concerts.	198

Le jeudi à l'exercice du soir.

De toutes les couleurs que distinguait la vue.	199
Esprit saint, descendez en nous.	201
De tes enfants reçois l'hommage.	202
Chrétiens, célébrons le jour.	203
Seigneur, rien ne surpasse.	204
Souvenez-vous, ô tendre Mère.	205
Gloire à Dieu ! que toute la terre.	206

Le vendredi à l'exercice du soir.

Les portes du jour sont ouvertes.	207
Je viens à vous, Seigneur, instruisez-moi.	208
De tous les cœurs le plus aimable.	209
O Vierge sainte, ô notre Mère !	210
O cœur divin, cœur tout brûlant d'amour !	210
Divin cœur de Marie.	212
D'un Dieu plongé dans la tristesse.	213

Le samedi à l'exercice du soir.

Seigneur, tant d'animaux par toi des eaux fécondes.	214
O Saint-Esprit, donnez-nous vos lumières.	216
Tendre Marie.	216
A la Reine des cieux offrons un tendre hommage.	217
Notre Père, qui dans les cieux régnez.	219
Triomphons, notre Mère est au sein de la gloire.	219
Il faut quitter le sanctuaire.	220

Office du saint Rosaire (en français).	223
Errata dans l'indication de la musique.	235

FIN

www.ingramcontent.com/pod-product-compliance
Lightning Source LLC
Chambersburg PA
CBHW071924160426
43198CB00011B/1293